国内トップクラスの
司法書士・行政書士法人グループを率いる
女性経営者兼司法書士が書いた

不動産登記の教科書

改訂版

司法書士・行政書士
グランサクシードグループ代表
山口里美

プラチナ出版

図表 登記事項証明書の記載例

××市××町××－××

【 表 題 部 】（土 地 の 表 示）				調整 余 白
【地図番号】	余 白			筆界特定 余 白
【所　　在】	××市××町○○丁目			余 白
【①地　番】	【②地　目】	【③地　積】㎡		原因及びその日付〔登記の日付〕
××番××	雑種地	130		××番から分筆 〔平成28年8月10日〕
余 白	宅地	130	51	②③平成28年10月4日地目変更 〔平成28年10月9日〕登記

【 権 利 部 （ 甲 区 ）】（所 有 権 に 関 す る		
【順位番号】	【登 記 の 目 的】	【受付年月日・受付番号】
1	所有権移転	平成28年10月15日 第××××号
2	所有権移転	令和5年1月18日 第××××号

【 権 利 部 （ 乙 区 ）】（所 有 権 以 外 の 権 利		
【順位番号】	【登 記 の 目 的】	【受付年月日・受付番号】
1	根抵当権設定	平成28年10月15日 ××××号
2	1番根抵当権抹消	平成30年10月15日 第××××号
3	抵当権設定	令和5年1月18日 第××××号

共 同 担 保 目 録		
記号及び番号	(け)第3929号	
番　号	担保の目的たる権利の表示	順位番号
1	××市××町○○丁目××番××の土地	3
2	××市××町○○丁目××番地　家屋番号　××番××の建物	1

全部事項証明書　（土地）

	不動産番号	012345………（13 桁）

事項）

【権利者その他の事項】

原　因　平成 28 年 10 月 15 日売買
所有者　××県××市××町××番××号
　甲野太郎

原　因　令和 5 年 1 月 18 日売買
所有者　××県××市××町××番××号
　乙山花子

に関する事項）

【権利者その他の事項】

原　因　平成 28 年 10 月 15 日設定
極度額　金 2 億 3,000 万円
債権の範囲　信用組合取引　手形債権　小切手債権
債務者　××県××市××町××番××号
甲野太郎
根抵当権者　××県××市××町××番××号
　×××××××信用組合
共同担保　目録(け)第××××号

原　因　平成 30 年 10 月 15 日解除

原　因　令和 5 年 1 月 18 日保証
　　　　委託契約に基づく求償権
　　　　令和 5 年 1 月 18 日設定
債権額　金 2,650 万円
損害金　年 14%（年 365 日の日割計算）
債権者　××県××市××町××番××号
　乙山花子
抵当権者　××県××市××町××番××号
　×××××××株式会社
共同担保　目録(け)　第 3929 号

	調製	令和 5 年 1 月 18 日

予　備

余白

余白

【表題部】

所在	土地が所在する市区町村
地番	数字で表記
地目	その土地がどのような用途で利用されているか
地積	面積

【甲区】

所有権に関する事項

順位番号	登記された順番。この番号によって権利の優劣が決まる。
登記の目的	どのような登記なのか
権利者その他の事項	どのような原因でその権利を得たのか 所有者は誰か。住所氏名を記載。

【乙区】

所有権以外に関する事項

順位番号	登記された順番。抵当権などは一つの不動産に複数成立できるため、誰が優先的な権利を持っているかは順位番号によって決定
登記の目的	どのような登記なのか
権利者その他の事項	どのような原因でその権利を得たのか 権利の内容

装丁・DTP　タイプフェイス

改訂版発刊にあたって

不動産登記制度は大きな転換期を迎えています。テクノロジーの進化により全国の不動産の情報が一元管理され、さらに、そこに、取引履歴や売買価額までも紐づけされる時代が迫るなか、不動産登記制度そのものが再検討されています。時代の変化を肌で感じながらも、大切な財産情報をどのように入手していくのか、最新情報を踏まえ、2020年発刊拙著に、改訂を加えました。

私たちが所有する財産の中で最も高価なものである不動産。投資家でない限りは、その不動産を取得する機会も一生に一度あるかないかです。その大切な財産について、「自分のものである」と他人に知らしめるために行う手続が「不動産登記」です。

不動産の「物理的な状態と権利関係を記載するもの」が、登記事項証明書であり、そこには、不動産の所在や現況、誰が所有者であり、権利を阻害する他人の権利が付いているかどうかなどが記載されています。まさに、不動産の歴史が公示されている書面であるからこそ、その表現には、難解な法律用語も用いられており、一読で判明し難いものもあります。私たち司法書士は、日々登記事項証明書を読み取り、そこに記載されている不動産の成り立ちや経緯を紐解いています。

ネット環境の整備により、「名義変更登記くらいは自分でやってみたい」「抵当権の抹消は簡単にできそうだ」と、チャレンジされる方も増えました。しかし、上で述べたように、登記事項証明書を読み取り、登記申請を終えるまでには、いくつかのハードルがあり、難易度の高いケースもあります。わかりやすい入門書があれば、そのような方々も自分で手続が可能になるかもしれません。また、仮にご自身で手続ができなくても、自分の不動産がどのように公示されているのかを知っておくだけでも、知的欲求は満たされ、大切な不動産への愛着が高まることでしょう。

ありがたいことに私は、開業してからこれまでに、金融機関、保険会社、不動産会社等で不動産登記に関するセミナーを数多く行わせていただきました。その経験を踏まえ、本書は、登記事項証明書の読み取り方から登記の申請までを「平易にわかりやすく」「使いやすい」ことを主眼としてまとめました。実務の現場のこぼれ話や、ミニコラムも書き添えておりますので、現場の雰囲気を感じていただけたら幸いです。

私自身は日本が好きであり、27年携わっている司法書士という仕事、そして、不動産登記制度に愛着を持っています。皆様に、不動産登記制度を正しく理解して、ご自身の不動産を守っていただきたいと考えています。

金融機関の融資ご担当者、不動産関連事業に携わる方、ご自身で登記申請にチャレンジしたい方など、さまざまな皆様が、気軽にこの書籍をお手に取って、ご活用いただけますことを心より願います。

2023年春

司法書士・行政書士　**山口里美**

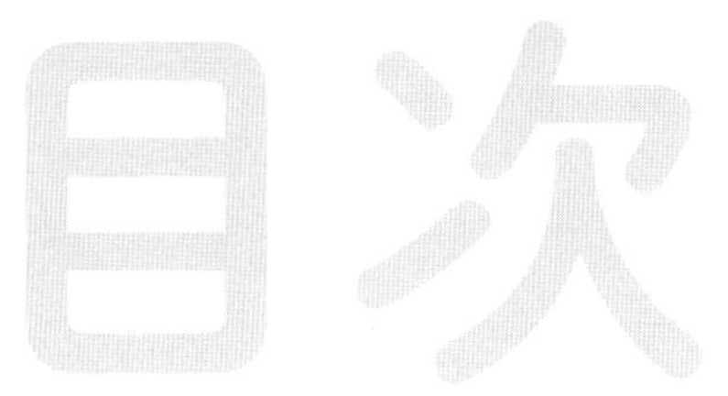

第7章 不動産の代金決済の現場

第8章 自分でやってみる登記 ～相続登記

第9章 自分でやってみる登記 ～抵当権抹消登記

第10章 成年後見登記制度

不動産登記は さらに進化する

相続登記の義務化がスタート

「相続登記申請には、税金の申告のようなリミットがない。だから、お金のかかることはやりたくない」。「実際に不動産を売る時に、相続登記をすればいいや」。多くの国民がこのように考えてきました。

その結果、日本には、

① 不動産登記簿により所有者が直ちに判明しない土地

② 所有者が判明しても、その所在が不明で連絡がつかない土地

という、いわゆる「**所有者不明土地**」が溢れ出しました。

国土交通省の2020（令和２）年度調査によると、不動産登記簿において所有者の所在が確認できない土地の割合は24％に及ぶと報告されています。この24％の内訳として、相続が理由となって所有権移転の未登記とされている土地は、およそ63％にも及びます。

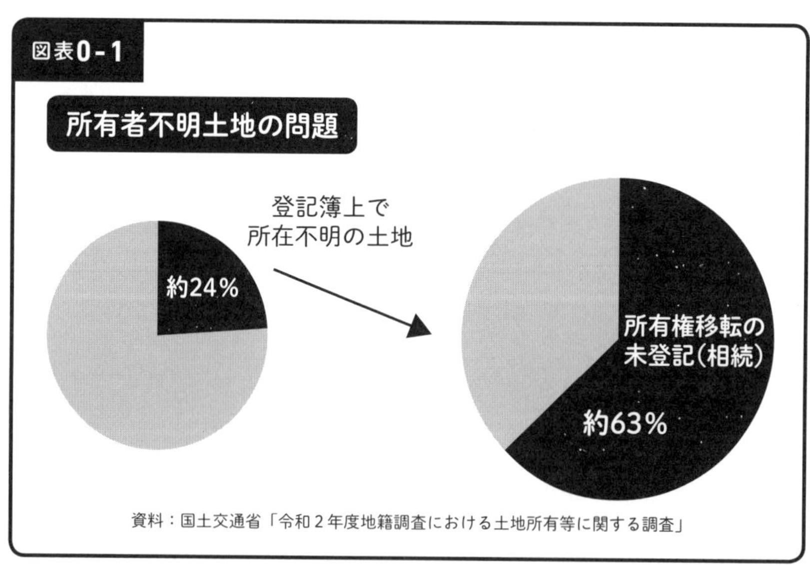

所有者不明土地の面積はなんと410万 ha で九州の面積をも超

え、2040年には720万 ha を超え北海道の面積に迫ると予想されています。**所有者不明土地**を国や自治体が有効活用するには、所有者の検索から始まり、相続人全員の合意を得るまでには多大なコストがかかり、このままでは、約６兆円もの大きな経済損失を招くと懸念されています（出典：一般社団法人 国土計画協会「国土計画・地方計画に関する調査研究」）。

超高齢化社会に突入した日本では、更に高齢者の死亡数の増加が見込まれ、**所有者不明土地**問題の解決は喫緊の課題となりました。その解決のために、2021（令和３）年４月21日、「民法等の一部を改正する法律」（令和３年法律第24号）および「相続等により取得した土地の国庫への帰属に関する法律」（令和３年法律第25号）が成立し、2021（令和３）年４月28日に公布されました。両法律では、**所有者不明土地**の「発生予防」と「土地利用の円滑化」の両面から、総合的に民事基本法制の見直しを行ったのです。

そもそも、相続登記とは、一般的に「名義変更」等と呼ばれ、被相続人から不動産を相続した際に行う登記です。本来、この相続登記申請を行っていなければ、第三者に対して自分の不動産だと主張できないのです。しかし、この相続登記申請には上述のように申請期限を定めていなかったため、登記をせず放置されるケースが各地で発生したのです。今回の法改正により具体的にはどうなるのでしょうか。

相続登記の義務化はいつから？

いよいよ迫ってきた相続登記の義務化ですが、2024（令和６）年４月１日に義務化がスタートします。「自己のために相続の開始があったことを知り、かつ、その所有権を取得したことを知った日から３年以内」に相続登記をしなければなりません（新不動産登記法（以下「新不登法」という）76条の２）。複数の相続人が存在する場合は、最も遅く相続の発生を知った相続人の認知した日から３年以内と計算されます。したがって、遺産分割協議によって不動産の所有権を取得した際には、遺産分割した日から３年以内に相続登記を済ませなければならないこととなります。

相続登記の義務化により罰則が

相続により取得した不動産を、正当な理由なしに３年以内に登記しなかった場合、10万円以下の過料に処される可能性があります（新不登法164条１項）。また、相続登記の義務化が施行される日以前に相続した不動産においても、相続登記を完了させていない場合、改正法の施行日から３年以内に相続登記をしなければなりません。法改正以前に所有者となっていたものの、改正法が施行されてから相続すると認知した場合では、認知した日から３年以内に相続登記を行う必要があります。「過料」とは、法律秩序を維持するために、法令に違反した場合に制裁として科せられる行政上の罰であり、刑事罰とは異なります。また、過料となると裁判所からの通知が届きますので、一般の方は驚かれるかもしれません。

ここで、「正当な理由なしに」とありますが、その具体的理由は、今後通達等で明確化されることになるでしょう。たとえば、申請義務を負う相続人自身が重病等の事情がある場合、数次相続が発生し、相続人が極めて多数となり、戸籍謄本等の取得に膨大な時間を要する場合等が考えられます。

相続登記義務化の救済となるか「相続人申告登記」

相続が発生した場合、遺産分割を行わなければすべての相続人が法定相続分の割合で不動産を共有する状態となります。しかし、この共有状態を登記に反映するためには法定相続人の範囲と法定相続分の割合の確定が必要であり、相続人には多大な負担がかかります。私も司法書士として多くの方の戸籍を収取させていただきますが、個人情報保護法が施行されてからは、被相続人が生まれてから亡くなるまでの戸籍を漏れなく集め、さらに相続人の戸籍を収集するのはかなり難しくなりました。また、遺産分割協議が難航し、定められた期間内に登記申請できない事態も多々想定されます。そこで、相続人が申請義務を簡易に履行することができるようにという観点から、新たに「相続人申告登記」が設けられたのです。

相続人申告登記とは、

① 所有権の登記名義人に相続が発生した旨

② 自らがその相続人である旨

を申請義務の履行期間内（３年以内）に登記官に対して申し出て、登記簿に申出をした相続人の住所・氏名等を記録してもらう制度です（新不登法76条の３）。登記簿を見ることにより相続人の氏名・住所を容易に把握することが可能となるため、これを暫定的に行っておくことで、期限内に相続登記していない場合の罰則も免れることができます。

この申出は、相続人が複数存在する場合であっても特定の相続人が単独で申出することが可能です。さらに、法定相続人の範囲および法定相続割合の確定も不要とされています。添付資料も、申出をする相続人自身が被相続人の相続人であることがわかる、その相続人の戸籍謄本を提出することで足りるとされており、相続人の負担が大幅に軽減されています。これまで、相続登記が放置されていることにより、登記簿を見ても誰が所有者であるのか想定もできなかったものが、この相続人申告登記がされることにより、少なくとも「誰が相続人であるのか」が明確になります。

相続登記の申請の義務化の経過措置として

基本的には、2024（令和６）年４月１日の施行日前に相続が発生しているケースも、登記の申請義務は課されます。ただし、具体的には、施行日とそれぞれの要件を充足した日のいずれか遅い日から法定の期間（３年間）がスタートします。

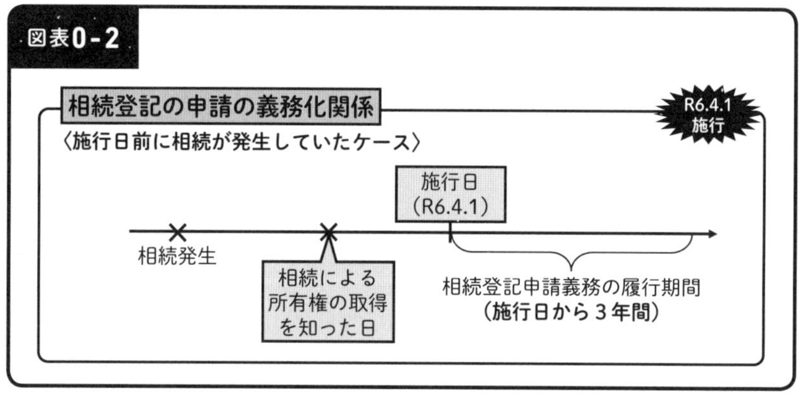

前述のように今回の改正で、これまで原則として「相続人全員で」かかわる必要のあった相続登記に、相続人が単独で申請できる選択肢が盛り込まれました。これ以上、所有者不明土地を増やしてはならないという国の強い危機感を感じます。私も、各地で相続セミナーを行うたびに、「このままでは日本の国土が手を付けられない状態になる」と警鐘を鳴らし続けてきましたので、その効果に期待します。

登記手続の費用負担軽減のために

土地について相続（相続人に対する遺贈も含む）による所有権の移転の登記または表題部所有者の相続人が所有権の保存の登記を受ける場合において、不動産の価額が100万円以下の土地であるときは、

① 2018（平成30）年11月15日～2025（令和７）年３月31日までの間に受ける土地の相続による移転の登記

② 2021（令和３）年４月１日～2025（令和７）年３月31日までの間に、土地の表題部所有者の相続人が受ける所有権の保存登記

は、登録免許税は課されません。

不動産の所有権の持分の取得であれば、不動産の価値に持分の割合を乗じて計算した額が不動産の価額となります。

相続登記が未了の方は、この機会に申請をされるほうが賢明でしょう。

住所変更登記等の申請の義務化

住所変更登記等の申請の義務化は、相続登記の義務化より２年遅れ、2026（令和８）年４月までにスタートします。

これまで、住所変更登記の申請は任意とされており、かつ、変更をしなくても大きな不利益がないこと、そして、転居等の度にその所有する不動産についてそれぞれ変更登記をするのは負担であることが、結果として、所有者不明土地を誘発する一因となってきました。

そこで、今回の改正により、所有権の登記名義人に対し、「住所等の変更日から２年以内にその変更登記の申請を義務付ける」こととなりました（新不登法76条の５）。相続登記と同様に、「正当な理由」がないのに申請を怠った場合には、５万円以下の過料に処されることとなります（新不登法164条２項）。

慣例として、新築物件を購入し所有権の登記を旧住所で行い、その後引越しをしても、新住所への住所変更登記を行わないことはよくありました。相続登記同様、「売る時になったら住所を変えればよい」と考えられてきたのです。今回の改正により、自ら登記をすることにより、第三者に自分の不動産だと主張することができる登記本来の趣旨に近づいたと感じます。

住所変更登記等の申請の義務化の経過措置として

基本的には、2026（令和８）年４月の施行日前に住所等変更が発生していたケースも、登記の申請義務は課されます。ただし、具体的には、施行日とそれぞれの要件を充足した日のいずれか遅い日から法定の期間（２年間）がスタートします。

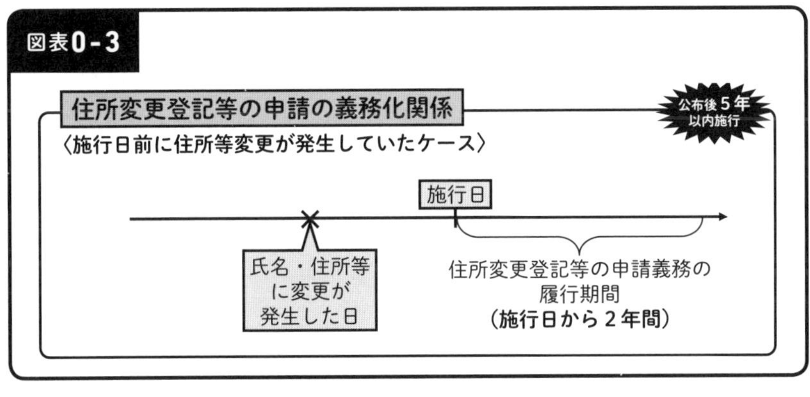

法務局の職権で住所等の変更登記をする仕組みも導入される

住所変更登記等の申請義務の実行性を確保するため、法務局が職権で住所等の変更登記をする仕組みも、2026（令和８）年４月までに施行されます（新不登法76条の６）。法務局の登記官が、個人の場合は「住基ネット」、法人の場合は「商業・法人登記システム」から取得した情報に基づき、職権で氏名・住所等の変更登記ができるようになります。職権で変更登記が行われた場合は、個人・法人ともに「住所変更登記等の申請義務は履行済み」とみなされます。

個人の場合は、施行後に新たに所有権の登記名義人となる場合、その申請時にあらかじめ、その氏名・住所、生年月日等の検索用情報を法務局に提供する必要がありますので、注意が必要です。登記失念や手続にかかる手間などの観点から、基本的には職権による変更登記を了承する人が増えると予想します。

職権による住所等の変更登記につき特例も

個人の場合は、DV 被害者等についても相続登記や住所変更登記等の申請義務化の対象となることに伴い、登記名義人の「了解を得た場合に限り」、職権による変更登記がされます。上述のように、施行後に新たに登記名義人となる場合は、登記申請時に検索用情報を提供する必要がありますが、施行前に登記名義人であるケースでは、任意で検索用情報の提供が可能となる予定です。

法人については、職権による変更登記の際の意思確認はされません。2024（令和６）年４月１日から、所有権の登記名義人が法人の場合は会社法人等番号が登記事項となります（新不登法73条の２第１項１号）。その、会社法人等番号を検索キーとして職権による変更登記が行われます。

登記名義人への意思確認や検索用情報の提供などは、インターネット等を活用した簡易な方法によることが検討されています。

不動産登記の公示機能をより高める観点から、次の改定も行われます。

外国に居住する所有権の登記名義人の国内連絡先の登記

以下の現状を受けて、不動産登記の公示機能を図るための改定が行われます。

① 海外在留邦人の増加や海外投資家による我が国への不動産投資の増加により、不動産の所有者が国内に住所を有しないケースが増加

② こうしたケースにおける所有者への連絡は、登記記録上の氏名・住所を手掛かりとするほかないが、日本のように住所の公示制度が整備された国は少ないことから、その所在の把握や連絡を取ることが困難

所有権の登記名義人が外国居住者である場合は、住基ネット等

との連携によっても住所の変更情報を取得することができないため、新しい制度が創設されます。

所有権の登記名義人が国内に住所を有しないときは、その国内における連絡先を登記事項とします（新不登法73条の２第１項２号)。この国内連絡先は、自然人でも法人でも可とされ、たとえば、外国法人が日本国内に営業所がある場合はその営業所を登記します。また、不動産関連業者や私たちのような登記申請を代理する司法書士等が想定されています。

この、外国に居住する所有権登記の国内連絡先の登記制度は、2024（令和６）年４月１日施行されます。

形骸化した登記の抹消手続の簡略化

所有権以外の権利についても、すでにその権利が実体的には消滅しているにもかかわらず、その登記が抹消されずに放置されたり、権利者が不明となったり、その抹消に手間やコストがかかるケースが多々あると指摘されてきました。実務の現場でも、買戻し期間が満了しているにもかかわらず消されていない登記が散見されます。

そこで、より簡便に所有権以外の権利に関する登記の抹消を可能とする制度が導入されました。

① 買戻し特約に関する登記がされている場合において、その買戻しの特約がされた売買契約の日から10年を経過したときは、実体法上その期間が延長されている余地がないことを踏まえ、登記権利者（売買契約の権利者）単独でのその登記の抹消を可能とするとされました（新不登法69条の２）。

② 登記された存続期間がすでに満了している地上権等の権利に関する登

記について、現行不動産登記法所定の調査よりも負担の少ない調査方法により権利者（登記義務者）の所在が判明しないときは、登記権利者単独でのその登記の抹消を可能とする（新不登法70条２項）とされました。

具体的には、公的書類等で地上権者等の所在を調査し、その後、裁判所の公示催告を経て、除権判決を取得しての単独申請となりそうです。

③ 被担保債権が弁済等により消滅していても、担保権抹消登記がなされず、登記から長い年月を経た担保権の登記が残っており、これが不動産の円滑な取引を阻害する要因となっていると指摘されてきました。また、被担保権弁済期から20年を経過し、かつ、その期間を経過した後にその被担保債権、その利息および債務不履行により生じた損害金の全額に相当する金銭を供託して登記を抹消する特例がありますが、貨幣価値が大きく変動しない現代において、供託そのものが大きな負担となると想定されています。私も、実務で60年も前に設定された担保権を供託して抹消した経験があり、数万円の供託金を収めました。しかし、近年設定した担保権であれば、供託金の額が相当額となると考えます。

そこで、解散した法人の担保権（先取特権等）に関する登記について清算人の所在が判明しないため抹消の登記を申請することができない場合において、法人の解散後30年が経過し、かつ、被担保債権の弁先期から30年を経過したときは、供託等をしなくとも、登記権利者（土地所有者）が単独でその登記の抹消の申請をすることができる（新不登法70条の２）とされました。

これらの登記が残っていると、かなりの時間とコストをかけて不要な登記を抹消しなければならず、結果として、不動産売買のチャンスを失う事例を多々目にしました。この制度の導入で、少しでも不動産流通が円滑に進むことを願います。形骸化した登記の抹消手続の簡略化は、2023（令和５）年４月１日施行です。

不要な土地を国に返す「相続土地国庫帰属制度」

近年、都市部への人口集中や、人口減少・超高齢化社会への突入により、土地の所有意識が希薄化し、土地を相続したものの手放したいと考える方が増えています。また、相続を契機として「望まずに」土地を取得した所有者は過大な負担を感じ、管理すらできなくなるケースも増えています。そして、このような社会経済情勢の変化が、**所有者不明土地**を発生させる要因にもなり、土地の管理不全化を招いているとの指摘がなされていました。

そこで、所有者不明土地の発生を予防し、土地の管理不全化を防止するために、相続等により取得した土地を手放すことを認め、国庫に帰属させることを可能とする仕組み「相続土地国庫帰属制度」が創設されることになりました（相続土地国庫帰属法（「以下「帰属法」という」1条）。具体的には、相続または遺贈（相続人に対する遺贈に限る）により土地の所有権または共有持分を取得した者等が、その土地の所有権を国庫に帰属させることができる制度です。この制度は、2023（令和５）年４月27日施行されます。

相続土地国庫帰属制度と相続放棄

これまでの相続において、不要な不動産を相続したくない方の多くが、相続放棄という手法を用いてきました。相続放棄とは、相続人が期限内に裁判所に相続放棄の申述を行うことにより、被相続人の財産のすべてを相続しないこととする制度であり、相続人ではなくなる制度です。不要な土地のみを手放すことはできません。それに比して、相続土地国庫帰属制度とは、相続人が遺産を相続したうえで、取得を望まない土地のみを、一定の条件下で、国庫に帰属させることができるという制度です。ちなみに、相続人全員が相続放棄をした土地は、最終的に国に引き継がれることもありますが、その場合は、基本的に無条件で国に引き継がれることが予定されています。

相続土地国庫帰属制度を利用できる者(申請権者)

相続土地国庫帰属制度を利用できるのは、

① 相続等により土地の所有権の全部または一部を取得した者

② 相続等により土地の共有持分の全部または一部を取得した者

です(帰属法２条１項)。相続等で取得された土地は、相続人が処分することもできずにやむを得ず所有し続けているということが少なくありません。そこで、相続土地国庫帰属法では、所有者不明土地を防ぐ観点から、「相続等により」土地を取得した土地所有者に限り、申請資格を与えることとしました。よって、被相続人である親から相続人である子が「売買」や「贈与」で土地を取得した場合には、申請資格が認められないため、注意が必要です。また、法人は、相続等により土地を取得することができないため、基本的に申請資格が認められません。

国庫帰属が認められる土地の要件

相続土地国庫帰属法では、通常の管理・処分をするにあたり過分の費用または労力を要する土地として法定される類型に該当する土地については国庫帰属が認められず、申請却下となります(帰属法２条３項、５条１項)。却下要件は以下のとおり２種存在します。

（１） その事由があれば直ちに却下される土地

（２） 事例により国庫帰属の是非が判断される土地

具体的には、

（１） その事由があれば直ちに却下される土地(帰属法２条３項各号)

①建物が存在する土地

②担保権または使用および収益を目的とする権利が設定されている土地
③通路その他の他人による使用が予定される土地
④土壌汚染がある土地
⑤境界不明確地や所有権の帰属等に争いがある土地

（2）　事例により国庫帰属の是非が判断される土地（帰属法5条1項各号）
①崖
②工作物・車両・樹木等の残置物がある土地
③地下埋設物（有体物）等がある土地
④隣接土地の所有者との争訟が必要な土地
⑤通常の管理または処分をするにあたり過分の費用または労力を有する土地

と定められています。

農地や山林も引き取ってもらえるか？

ご相談者からは、「農地や山林でも相続土地国庫帰属制度を使えるのか」というご質問を受けますが、結論として、地目による制限はなく利用可能です。ただし、前述の却下要件に該当しないことが前提ですので、山林など境界が不明瞭な土地は国庫帰属が認められない可能性が高いと考えます。

相続土地国庫帰属制度を利用する際の負担金

相続土地国庫帰属制度を活用するには、国が定めた負担金を支払う必要があります。

まず、申請の際には、審査手数料を納める必要があります（帰属法3条2項）。

次に、国の審査に合格した際に、10年分の標準的な管理費相当額を「負担金」として納付する必要があります（帰属法10条１項）。

たとえば、宅地は原則として面積にかかわらず20万円（ただし、一部の市街地の宅地については面積に応じ算定）、田・畑は面積にかかわらず20万円（ただし、一部の市街地、農用地区域等の田・畑については面積に応じ算定）、森林は面積に応じ算定とされています。

相続土地国庫帰属制度の利用方法（手続）

この制度の利用は、次の流れで進みます。

① 相続人による承認申請
② 法務局（法務大臣）の審査
③ 現地調査等
④ 審査結果の通知
⑤ 負担金の納付
⑥ 処分の取消しと損害賠償責任

手続のポイント

① 相続人による申請

利用を希望する相続人は、法務局に、国庫帰属の申請を行う必要があります（帰属法２条１項）。なお、共有地の場合は、共有者の全員で申請を行う必要があります（帰属法２条２項前段）が、共有者全員が相続等で共有持分を取得している必要はなく、一人でも相続等で共有持分を取得していれば申請が可能です（帰属法２条２項後段）。

②　法務局の審査

申請が受理されると、法務局で審査が行われますが、申請資格や審査手数料の納付等が認められないと、その時点で申請が却下されることになります（帰属法４条１項１号・２号）。

③　現地調査等

却下要件に該当するか否かを法務局の職員が現地調査することが予定されており（帰属法６条１項）、その際、申請者や関係者に事情聴取や書類提出を求めることがあります（帰属法６条２項）。

④　負担金の納付

審査に合格した場合、負担金の納付が必要になります（帰属法10条１項）。負担金の額の通知を受けた日から30日以内に、負担金を納付する必要があり、期限に間に合わないと、承認の効力が失効します（帰属法10条３項）。

⑤　処分の取消しと損害賠償責任

国の審査が降りた場合でも、申請者が偽りその他不正の手段により国庫帰属の承認を受けたことが判明したときは、承認が取り消されることがあります（帰属法13条１項）。また、却下事由があることを知っていながら、土地を国に引き取らせ、その結果、国が損害を被った場合には、国に対する損害賠償責任が発生します（帰属法14条）。

相続土地国庫帰属制度利用にあたり

相続したものの、管理に困り不要な土地だけを手放すことができ、また、引受先が国であるため、さまざまな不動産業者を自分で探す必要もない相続土地国庫帰属制度は、利用者にとり大きなメリットがあります。しかし、手続を利用するには負担金があり、申請や国の審査に時間を要する手続でもあります。また、審査が通っても偽りの申請を行った場合には、処分の取消しや損害賠償責任が問題になる場合がある点には注意が必要です。

「土地を相続したが、管理もできない。登記もしていない」という方は、この相続土地国庫帰制制度を活用することも検討されるとよいでしょう。

不動産IDルール導入迫る？

我が国の不動産については、土地・建物いずれも、幅広い主体で共通で用いられる番号（ID）が存在せず、所有者の住所・地番の表記ゆれなどがあると、土地や建物を直ちに指定できない状況となっています。これは、不動産関連情報の連携・蓄積・活用という観点からすれば、非常に大きな課題でした。

そこで、2021（令和３）年にはデジタル関連改革法が制定され、国土交通省が主体となり、不動産にIDを付与して運用するルールが検討されております。2022（令和４）年３月末日に「不動産ID」のガイドラインが公表され、今後は、このガイドラインを元にさらに議論が深められます。

不動産IDの概要

不動産を一意に（＝同一であること）特定することができることを目的とする「不動産ID」は、既に活用されている不動産登記簿の不動産番号（13ケタ）を基礎として構成され、それに特定コード（４ケタ）を付け足し、計17ケタの番号となります。

既存の不動産番号だけで対象を特定できる場合（たとえば、土地、戸建て、区分所有建物の専有部分）は、４ケタの特定コードは0000となります。これまで特定できなかった対象（たとえば、賃貸住宅やオフィスの各フロア）は、新たなルールが作られます。

図表0-4　不動産IDの基本ルール

	IDを付す単位		使用する不動産番号の対象	No	IDのルール
土地	筆ごと		土地	①	不動産番号(13ケタ)—0000(4桁)
建物(戸建て)	建物全体		建物	②	不動産番号(13ケタ)—0000(4桁)
非区分建物	[商業用] フロアごと		建物	③	不動産番号(13ケタ)—階層コード(2ケタ)・階数(2ケタ)
	[居住用] 部屋ごと			④	不動産番号(13ケタ)—部屋番号(4ケタ)
	建物全体			⑤	不動産番号(13ケタ)—0000(4ケタ)
区分所有建物	[商業用]	専有部分ごと	専有部分	⑥	不動産番号(13ケタ)—0000(4ケタ)
		フロアごと		⑦	不動産番号(13ケタ)—階層コード(2ケタ)・階数(2ケタ)
	[居住用]	部屋ごと	専有部分(＝1部屋の場合)	⑧	不動産番号(13ケタ)—0000(4ケタ) ＊一般的な分譲マンションの各部屋はこの類型に該当
			専有部分(＝複数部屋の場合)	⑨	不動産番号(13ケタ)—部屋番号(4ケタ)
	建物全体		建物が建つ土地	⑩	不動産番号(13ケタ)—建物を表す符号(4ケタ)

不動産IDの取り組みは、ガイドラインで定めるルールに従い、不動産関連情報を保有する者・活用しようとする者が、自ら保有する不動産関連情報に不動産ＩＤを紐づけ、紐づけた情報を連携・蓄積・活用することでさまざまなメリットを発現させていくことが想定されています。

国土交通省の中間とりまとめ資料によると、不動産IDを利用するメリットとして以下の９つがあげられています。

① 自社データベース内や、自社データベースと外部から取得したデータの連携の際の、物件情報の名寄せ・紐付けが容易化

② 不動産情報サイトにおける、同一物件であることがわかりにくい形の重複掲載、おとり物件の排除

③ 過去の取引時データの再利用による各種入力負担軽減

④ 成約価格の推移の把握による価格査定の精度向上

⑤ 住宅履歴情報との連携によるリフォーム履歴等の把握

⑥ 電気・ガス・水道等の生活インフラ情報に関する、事業者間や自治体等との情報提供・交換の効率化および各種情報の統合管理

⑦ （行政の保有するデータへの紐付けが行われた場合）行政保有情報の照会の容易化・効率化

⑧ （最新の都市計画・ハザードマップ情報等がオープンデータ化され、公的図面として扱われるような環境が整備された場合）都市計画情報・ハザードマップ等との連携による、調査負担の軽減や重要事項説明書の作成負担等の軽減

⑨ 高精度のAI査定など、多様なエリア情報等のビッグデータの活用による新たな不動産関連サービスの創出

当面の段階として以上９つが期待されていますが、不動産IDが広く浸透することにより、さらなる発展が期待できそうです。実際の施行までには時間がかかる制度ですが、国のデジタル化構想との相乗効果で大きな変化がもたらされると考えます（出典：「令和４年３月31日国土交通省不動産・建設経済局「不動産ＩＤルールガイドライン」」）。

第1章

不動産登記の基本

──不動産登記の基礎知識

1. 不動産とは

① 不動産と動産

私たちが財産として所有するものは、大きく、**不動産**（動かせない財産）と、**動産**（動かせる財産）に分けることができます。不動産は動産と比較して一般的に経済的価値が高いため、売買したり、名義が変わったりする際に、動産とは違った法律の扱いをする必要が生じます。

② 不動産とは

不動産とは、「土地」および「その定着物」とされています。定着物とは、土地に固定され土地と一緒に取引される、主に建物や立木、石垣のようなものをいいます。ただし、「建物」は土地の定着物ではありますが、例外として土地とは別の不動産として扱われます（**図表1－1**）。

土地と建物は、それぞれ独立した取引の対象となることもあります。

先に述べたように一般的に価値の高い不動産の取引に、何ら法的知識のないまま臨んでしまうと、大切な自分の権利を守ることができない可能性もあり、また、取引の相手方にも迷惑をかけてしまうことがあります。ゆえに、不動産取引に関しては、民法、不動産登記法のみならず、都市計画法、建築基準法、農地法など様々な法律が適用され、安全な取引が行われるよう取り決められています。

図表1-1 不動産とは

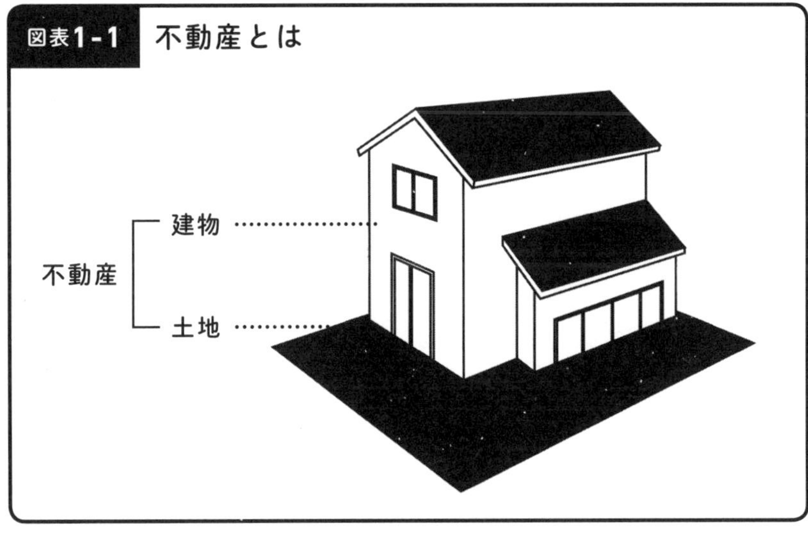

2. 不動産登記とは

1 不動産登記とは

そもそも登記とは、一定の事柄を帳簿や台帳に記録すること、又はその記録そのものをいいます。

不動産登記とは、大切な財産である土地や建物の「表示（どこにある、どういうものか）」に関すること、「権利（誰のものか、どんな担保権がついているのか等）」に関することを公の帳簿（登記事項証明書）に公示して、不動産取引の安全と円滑を図る役割を果たしています。公示とは公に示すこと、つまり一般に公開することを言います。

不動産登記には、「**表示に関する登記**」と「**権利に関する登記**」

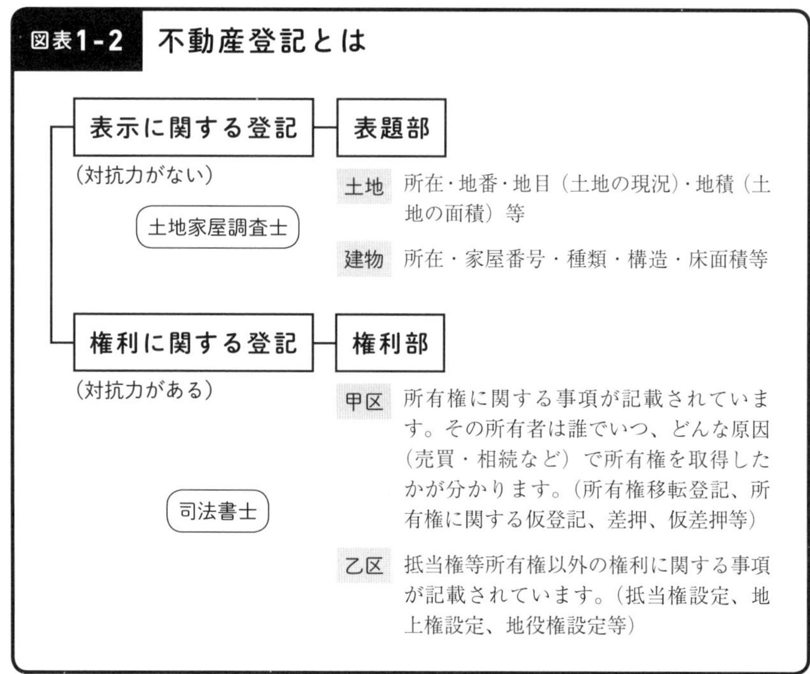

があります（**図表1－2**）。

「表示に関する登記」は、原則として１カ月以内に登記申請をしなければなりませんが、これは、表示に関する登記が税金の徴収と関連するからです。表示に関する登記は登記事項証明書の「表題部」に行われ、この登記を専門とするのは**土地家屋調査士**です。

これに対して、「権利に関する登記」は、登記をしなければならない義務はありません。しかし、自分がその土地や建物の所有者であることを主張するには、実体どおりの登記を備える必要があり、この主張する効力を「**対抗力**」といいます。権利に関する登記は登記事項証明書の「権利部」（甲区・乙区）に行われ、この権利に関する登記の専門家が**司法書士**です。

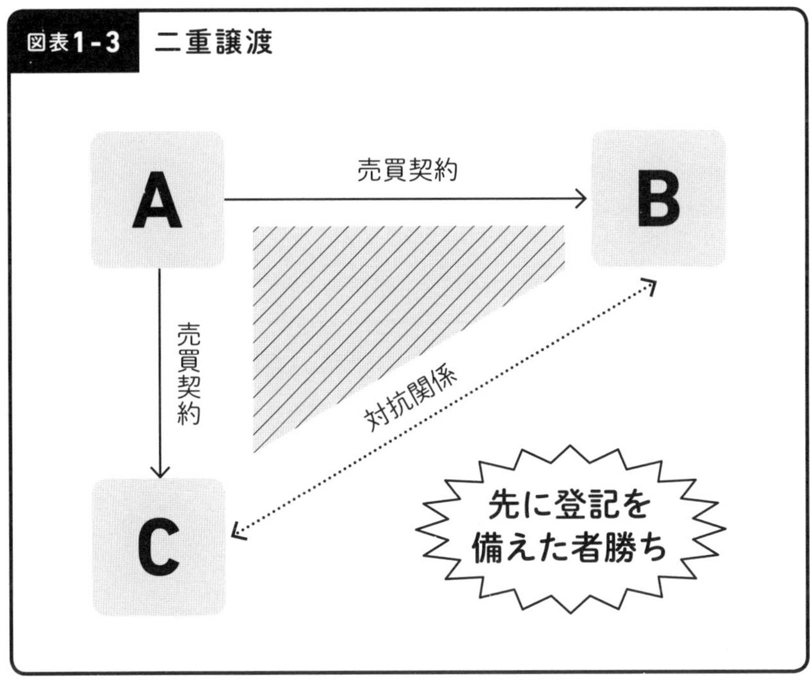

❷ 対抗関係

民法177条で「不動産に関する物権の得喪及び変更は、不動産登記法の定めるところに従って登記をしなければこれをもって第三者に**対抗**することができない」と定められています。

たとえば、Aさんから不動産を買ったBさん。売買契約によりBさんが所有権を取得します。ところが、同じ不動産をAさんはCさんにも売却をしてしまいます。Cさんも売買契約により不動産を取得し、このBさんとCさんの関係を二重譲渡（**図表1-3**）といいます。

さて、このBさんとCさんですが、「この不動産は私のものです」と事情を知らない第三者に主張する（対抗）には**登記**が必要となるのです。Bさんがどれだけ苦労してお金をかき集めようと、私が正しいと主張しても、登記を備えたCさんに勝つことはできません。まさに、不動産登記の申請は早い者勝ち。ですから、私たち司法書士は、不動産取引が終了するや否や、先を争って法務局で登記申請を行うのです。

③公信力

公信力とは、「登記を信頼して不動産の取引をした者は、たとえ登記名義人が真実の権利者でない場合でも、一定の要件の下で、その権利を取得することが認められる」という原則のことで

不動産登記の申請は、早い者勝ち

開業間もない頃、乙さんに貸した資金を回収できなくてお困りの社長甲さんが、事務所にご相談に来られました。よくよく調べてみると乙さんは返すお金がないと言いながらも、無担保の別荘を所有していることがわかりました。私は、代物弁済という原因でその別荘を貸金の代わりに返してもらう書面を作成し、登記を申請しました。まさにその翌日、同じ別荘に登記を申請したという方から電話がかかってきました。「先に登記を入れたのか！」と。もちろん、社長甲さんはそのような事情を知りませんでしたし、登記を先に備えていました。まさに、一瞬の差で社長甲さんは別荘の所有権を取得することができたのです。

す。しかしながら、日本の登記には公信力が認められていません(動産の場合は認められています)。ゆえに、登記事項証明書の記載を信頼して、登記上の所有者から不動産を買っても、真の所有者に対しては権利を主張できません。これは、登記が書面申請で行われ、登記官が現地調査を行わないために実態を把握できないことに由来しているとも言われます。これでは恐ろしくて不動産の売買などできないと思われそうですが、信頼できる不動産登記制度のために、それを補完する制度として、本人確認、意思確認などが行われています。

4 権利推定力

登記情報は公的機関である法務局で管理されますので、登記された権利関係が実際にもあると推定させる効果があります。これを**権利推定力**といいます。登記の内容が事実でないと主張する人はその証明（反証）をする必要があり、反証がない登記は事実であると推定すべきとされています。

5 形式的確定力

形式的確定力とは、その登記が実態を伴わないものであっても、一度登記されてしまえば、その登記を無視して次の登記を行うことはできなくなるということです。そのため、実態を伴わない登記が無効だと判明しても、自動的に内容が更正されるのではありません。偽の所有者が名義人とされる登記がある場合、真の所有者はその登記を抹消しなければ、自らを名義人とする登記を申請することはできません。

このように、複雑な効力を有する不動産登記。大切な財産を守るために、自らこれらを理解する、あるいは理解する専門家を味方につける必要があります。

登記事項証明書の読み方

1. 登記簿謄本と登記事項証明書

現在、不動産の登記事項は電子データ化され、磁器ディスクに保存されています。その磁器ディスクに保存されたデータそのものを「登記記録」といい、そのデータを基に「登記事項証明書」が交付されています。

「登記事項証明書」には「全部事項証明書」「現在事項証明書」「区分建物全部事項証明書」「区分建物現在事項証明書」「何区何番事項証明書」などがあります。

1988（昭和63）年の不動産登記法の改正により、約３億もの紙に記載されていた登記記録が、順次電子データ化される手続が始まり、現在は全て完了しています。

このようなしくみを「コンピュータシステム」といい、登記簿をコンピュータシステムで扱っている法務局を、コンピュータ庁と呼びます。

コンピュータ化により全国の法務局がつながり、最寄りの法務局で全国の不動産の登記事項証明書を取得することも可能となりました。それ以前は、北海道の不動産なら北海道の法務局へ赴かなければ情報を得ることができなかったのですから、コンピュータ化は劇的な変化をもたらしました。

実務上では「登記事項証明書」のことをいまだに「謄本」と呼ぶことも多く、両者が区別されることなく使われています。なお、コンピュータ化移行前の登記簿は、「閉鎖登記簿謄本」として、その不動産の管轄法務局にて取得することが可能です。

窓口に備えてある「登記事項証明書・登記簿謄本抄本交付申請

書」の「コンピュータ化に伴う閉鎖登記簿」に「✓」し、申請します（**図表 2－1**）。

ここで一言

以前は、バインダーに登記用紙を挟み込んだ紙のファイルが存在し、この登記用紙をバインダーから外して謄写したものに、法務局が登記簿の謄本である旨の証明文、日付、割印を押したものを「登記簿謄本」といいました。割印は、「法」の字の形で穴が開けられる方式でした。その他、費用を払いそのバインダーの登記用紙を開いて、必要部分を自ら手で書き写すことを「閲覧」と呼んでいました。バインダーは、管轄内の不動産ごとに編纂されており、誰かが登記用紙を書き写している間は、次の人が待っているという、何とも懐かしい時代があったのです。このような登記簿を「ブックシステム」と呼んでいました。現在、登記簿は電子データとなり閲覧することはできなくなりました。それに代わり交付されるものが「登記事項要約書」です。なお、登記事項要約書には法務局の証明文が付されません。

図表2-1 登記事項証明書 登記簿謄本・抄本 交付申請書

不動産用

※太枠の中に記載してください

窓口に来られた人（請求人）	住所 ××市××町××ー××	収入印紙欄
	フリガナ コウノ タロウ	
	氏名 甲野太郎	

※地番・家屋番号は、住居表示番号（○番○号）とはちがいますので、注意してください。

種別（レ印をつける）	郡・市・区	町・村	丁目・大字・字	地番	家屋番号又は所有者	請求通数
1 ☑土地	○○市	××町	三丁目	1-1		1
2 □建物						
3 □土地	○○市	××町	三丁目		1-1	
4 ☑建物						1
5 □土地						
6 □建物						
7 □土地						
8 □建物						
9 □財団（□目録付）□船舶 □その他						

※共同担保目録が必要なときは、以下にも記載してください。
次の共同担保目録を「種別」欄の番号 1、4 番の物件に付ける。
□ 現に効力を有するもの □ 全部（抹消を含む） □（ ）第 号

※当該事項の□にレ印をつけ、所要事項を記載してください。

□ **登記事項総名所・謄本**（土地・建物）
専有部分の登記機構証明書・抄本（マンション名＿＿＿＿＿）
□ただし、現に効力を有する部分のみ（抹消された抵当権などを省略

□ **一部事項証明書・抄本**（次の項目も記載してください。）
共有者＿＿＿＿＿＿＿＿に関する部分

□ 所有者事項証明書（所有者・共有者の住所・氏名・持分のみ）
□ 所有者 □共有者＿＿＿＿＿.

□ コンピュータ化に伴う**閉鎖登記簿**

□ 合筆、減失などによる**閉鎖登記簿・記録**（昭和 年 月 日／平成 年 月 日）

収入印紙 収入印紙

収入印紙は割印をしないでここに貼ってください。（登記印紙も使用可能）

交付通数	交付枚数	手数料	受付・交付年月日

（乙号・1）

2. 登記事項証明書の入手の仕方

不動産登記に関する事務を扱う国の機関として**法務局**が存在します。正式には法務局、地方法務局、それぞれの支局、出張所などです。

登記事項証明書を取得するには、まず、請求する土地または建物がどこの法務局が管轄しているのかを確認する必要があります。(法務局ホームページの「管轄のご案内」をご参照ください)。

現在、最寄りの法務局で全国の不動産の登記事項証明書を取得することが可能となりましたが、コンピュータ化以前の閉鎖登記簿謄本を取得する場合には、不動産を管轄する法務局へ赴く必要がありますので注意が必要です。

また、以前はかなりの数が存在していた法務局ですが、現在統廃合も進んでいるため、法務局に行く場合には事前に確認されることをお勧めします。

1 具体的取得方法

①管轄法務局に直接行って申請する

現在、すべての法務局がコンピュータ庁ですから、最寄りの法務局で管轄内の不動産はもとより、全国どこの不動産の登記事項証明書でも取得することができます。

法務局は、月曜日から金曜日の８時30分～17時15分まで開いており、土日、祝祭日は休みです。

②管轄法務局に郵送で請求する。

交付申請書に、請求する不動産の必要事項を記入し、手数料分の収入印紙を貼付して、返信用の切手とともに郵送して請求します。

③管轄法務局にオンラインで請求する。

パソコン上からユーザー登録を行い、法務省登記・供託オンライン申請システムのホームページより、申請に必要なソフトをダウンロードし、請求します。オンラインで請求すると法務局の窓口や郵送で請求するより手数料が幾分安くなり、原則、郵送により送付されます。

たとえば、登記事項証明書を法務局の窓口で受け取ると600円ですが、オンラインで申請し、最寄りの法務局で受け取ると480円となります。また、オンライン申請の場合、手数料をインターネットバンキングやPay-easy対応のATMからも支払うことができます。

ただし、ほぼすべての不動産のデータ化が終了しているとはいえ、一部移行できなかった情報も存在し、さらに、公図や地積測量図を取得する必要があれば、法務局に赴く方が確実だと思われ、事前に確認されたほうがよいでしょう。

図表2-2-1 登記事項証明書の取得費用

<table>
<tr><th colspan="2">区　分</th><th>手数料</th><th>備　考</th></tr>
<tr><td colspan="2">①管轄法務局に直接行って申請する場合</td><td>600円／通</td><td rowspan="4">1通の枚数が50枚を超える場合は、その超える枚数50枚ごとに100円加算されます。</td></tr>
<tr><td colspan="2">②管轄法務局に郵送で請求する場合</td><td>600円／通
（郵送料は別途必要）</td></tr>
<tr><td rowspan="2">③管轄法務局にオンラインで請求する場合</td><td>オンライン請求・郵送受取</td><td>500円／通</td></tr>
<tr><td>オンライン請求・登記所受取</td><td>480円／通</td></tr>
</table>

2 地番と住居表示

「**地番**」は、土地の登記記録上の番号のことで、「**家屋番号**」は建物の登記記録上の番号のことです。

地番は土地1筆ごとに、家屋番号は建物1つごとに、1つの番号が付けられます。これらは不動産登記法に基づき定められ、番号が付けられると変更しない限りは変わることはありません。登記事項証明書を請求する際には、この「地番」「家屋番号」で物件を特定し、請求します。

一方、普段私たちが生活するうえで活用している「**住居表示**」がありますが、地番と住居表示は必ずしも一致しません。以前は一致していた時期もありましたが、住居表示は、市区町村が町名を変更したりするなかで、自治体により整理され、地番と住居表示が一致しないケースが多くなりました。

地番や家屋番号は、「権利証」や「固定資産税の納税通知書」に記載されています。

住居表示しかわからない場合、法務局に備え付けられた地図ま

図表2-2-2　地番・家屋番号と住居表示は違う

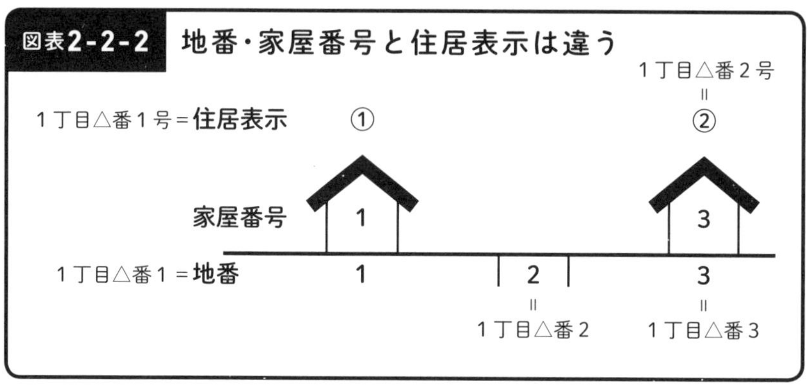

たは住居表示地番対照住宅地図（ブルーマップ）で調べることができます。法務局では、職員に尋ねることも可能ですし、最近では、電話をかけることで地番を教えてくれる法務局もあります。また、待合室のコンピュータで住所から地番を調べることのできる法務局もありますので、ご活用ください。

3 その他知っておきたいこと！

請求する不動産が区分所有のマンションである場合、請求時にマンション名が必要です。マンションの表題登記については、第2章の**P.059**をご参照ください。

また、抵当権をはじめとする担保権が複数の不動産に設定されている場合、共同抵当の他の担保物件が何かを知りたい場合には、「共同担保目録」を同時に請求する必要があります。

4 各種図面の活用

登記事項証明書には、不動産の現況や権利内容が記録されていますが、それはあくまでも「文字」としての記載。重要な不動産に関する情報を正確に得るためには、他の公図、地積測量図、建物図面等を活用することはとても重要です。図面を確認することにより、文字からは読み取ることができなかった情報を得ることもできます。

これらの図面を閲覧するには、管轄法務局窓口で、「**地図・地積測量図・閲覧請求書**」という書面に、閲覧したい土地や建物の情報を記入し、請求します。閉鎖登記簿を閲覧する場合とほぼ同じ手続です。

物件が特定できている場合は、最寄りの法務局から交換システムを活用し、全国どの法務局管轄の物件であっても図面等の写しを請求することが可能です。さらに、郵送での請求、オンラインでの請求も可能です。

図面等の閲覧や写しの交付請求は、土地１筆、建物１個につき450円です。

①公図

各種図面の中で最も活用されているのが「**公図**」という、土地の境界を確定するための図面です。一般的には「公図」と呼ばれますが、不動産登記法14条に規定されているので「**14条地図**」と呼ばれます。ただし、実際には予算や技術的な問題で正確な14条地図が作成中の地域が多く、便宜的に、明治時代から引き継がれている「**旧土地台帳付属地図**」を代わりに使用しているのが現実です（**図表２−２−３**）。

公図を見ることによって、その土地の位置や、隣地、道路と接しているかどうか等も詳しく知ることができますが、先に述べたように、精度があまり高くありませんので注意も必要です。

図表2-2-3 公図

※省略して記載しています。

注）地図に準ずる図面は、土地の区画を明確にした不動産登記法所定の地図が備え付けられるまでの間、これに代わるものとして備え付けられている図面で、土地の一及び形状の概略を記載した図面です。

請求部分	所在	○○市××区△△町三丁目	地番	4番36			
縮尺		補記事項					

これは地図に準ずる図面の写しである。

令和2年2月14日

××地方法務局××支局

登記官　△　川　○　子　印

②地積測量図

土地の位置関係を知るためには「公図」を、土地の正確な面積を知るためには「**地積測量図**」（**図表2-2-4**）を活用します。地積測量図は、土地の分筆登記を申請する際に提出される書面ですから、現地の測量に基づき作成された正確な図面といえます。反対に言うと、分筆の経緯のない土地には、地積測量図が備わっていないこととなります。土地取引の際には、ぜひ確認したい書類です。

③建物図面

「建物図面」（**図表2-2-5**）は、建物を新築・増築した際に提出される図面です。敷地のどの部分に建物が建っているかを示す「**建物図面**」と、各階の形状や面積を示した「**各階平面図**」から成り立っています。

建物を購入する際には、必ず入手したい書面です。

図表2-2-4 地積測量図

地番	6-11、40
土地の所在	○○市××区△△町三丁目

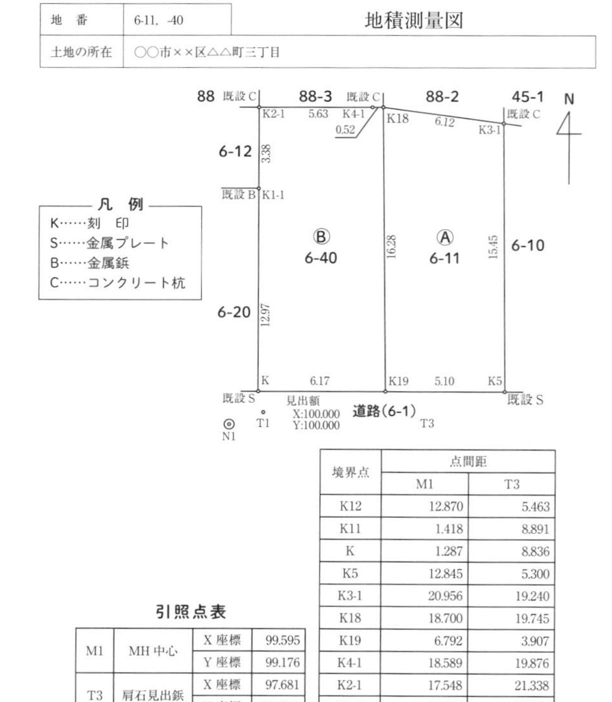

境界点	点間距 M1	点間距 T3
K12	12.870	5.463
K11	1.418	8.891
K	1.287	8.836
K5	12.845	5.300
K3-1	20.956	19.240
K18	18.700	19.745
K19	6.792	3.907
K4-1	18.589	19.876
K2-1	17.548	21.338
K1-1	14.165	18.258

引照点表

M1	MH中心	X座標	99.595
		Y座標	99.176
T3	肩石見出鋲	X座標	97.681
		Y座標	107.927

座標求積票表

地番	A 6-11		
測点	Xn	Yn	(Xn+1 − Xn − 1) Yn
K3-1	116.602	111.421	1793.320995
K18	117.255	105.327	−1645.839702
K19	100.976	105.827	−1703.285565
K5	101.16	111.926	1748.955676
		倍面積	193.151404
		面積	96.5757020
		地積	96.57㎡
		坪数	29.21

地番	B 6-40		
側点	Xn	Yn	(Xn+1 − Xn − 1) Yn
K18	117.255	105.327	1720.516545
K4-1	117.311	104.806	−11.738272
K2-1	117.143	99.178	−352.181078
K1-1	113.760	99.277	−1623.476781
K	100.790	99.655	−1273.98520
K19	100.976	105.827	1742.441555
		倍面積	201.572449
		面積	100.7862245
		地積	100.78㎡
		坪数	30.48

合計	197.3619265

作製者	××県××市××町一丁目××番××号 土地家屋調査士 × 田 ○ 助 (令和2年1月18日作製)

申請人	○○○住宅株式会社 代表取締役 ○山△郎	縮尺	1/250

図表2-2-5 建物図面

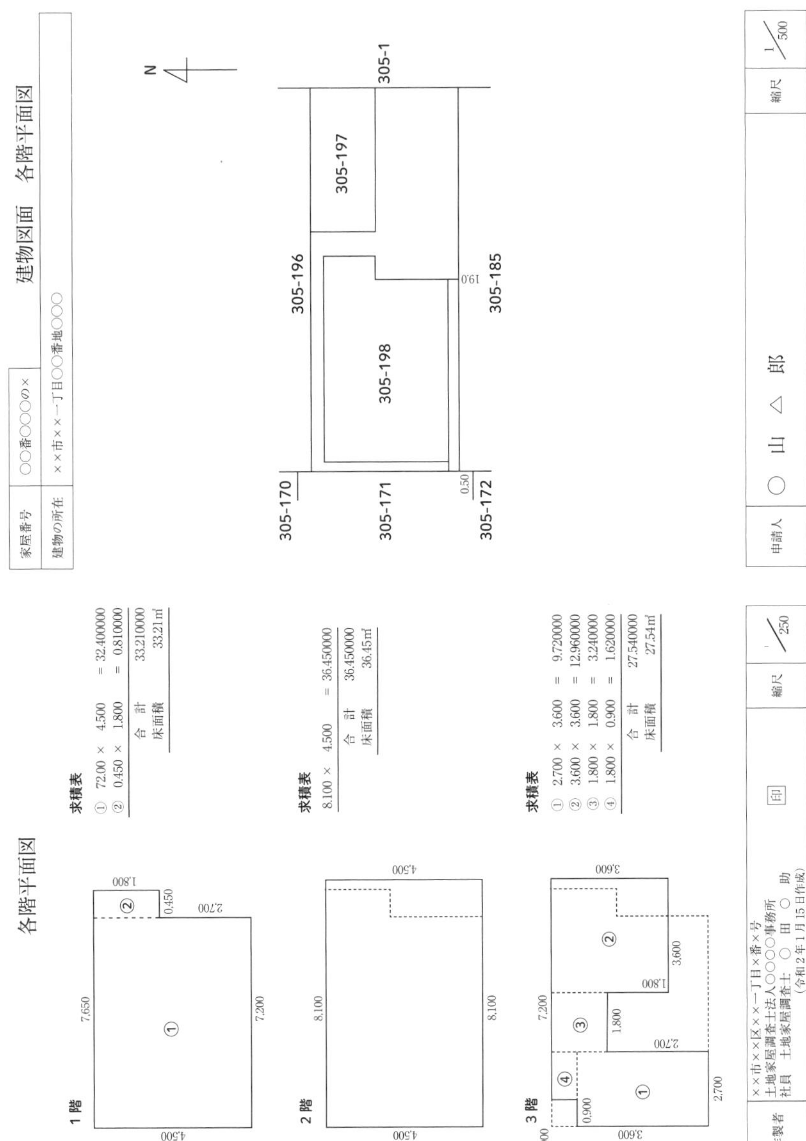

建物図面　各階平面図
家屋番号 ○○番○○の×
建物の所在 ××市××一丁目○○番地○○○
N
305-1
305-197
305-196
305-198
305-185
0.61
305-170
305-171
0.50
305-172
申請人 ○山△郎
縮尺 1/500
各階平面図
1階
求積表
① 72.00 × 4.500 = 32.400000
② 0.450 × 1.800 = 0.810000
合計 33.210000
床面積 33.21㎡
2階
求積表
8.100 × 4.500 = 36.450000
合計 36.450000
床面積 36.45㎡
3階
求積表
① 2.700 × 3.600 = 9.720000
② 3.600 × 3.600 = 12.960000
③ 1.800 × 1.800 = 3.240000
④ 1.800 × 0.900 = 1.620000
合計 27.540000
床面積 27.54㎡
作製者 ××市××区××一丁目×番×号
土地家屋調査士法人○○○事務所
社員 土地家屋調査士 ○田○助
（令和2年1月15日作成）
印
縮尺 1/250

3. 登記事項証明書の読み方

登記事項証明書の事例については、巻頭の記載をご参照ください。

その記載は、大きく分けて次の３つの部分からなります。

①表題部

②権利部（甲区）

③権利部（乙区）

この項では、その概略を述べ、以下の項では、各部ごとに詳細に説明していきます。

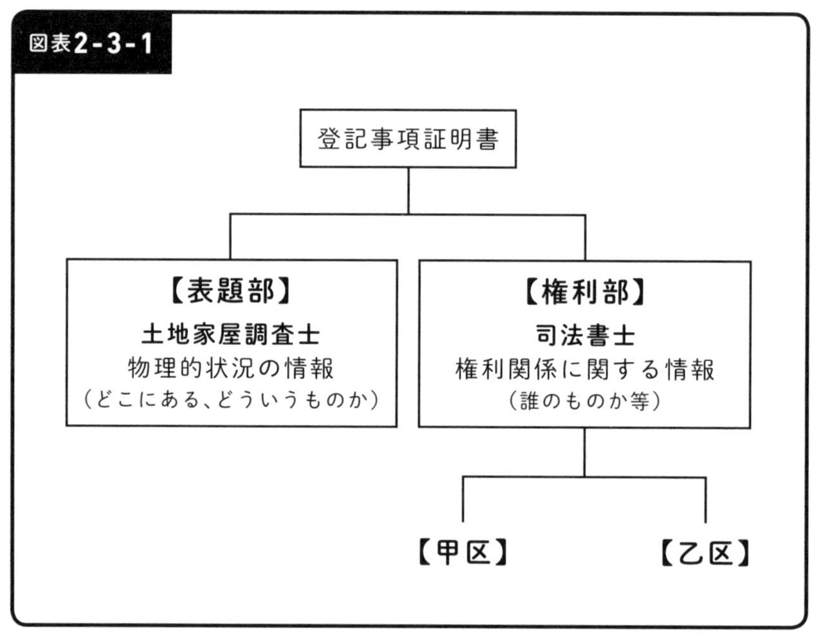

図表2-3-2 甲区の見方

権利部（甲区）（所有権に関する事項）			
順位番号★1	登記の目的★2	受付年月日・受付番号	権利者その他の事項
1	所有権移転	平成17年7月7日 第1200号	原因★3　平成17年7月7日売買 所有者★4　○○市△△五丁目5番5号 株式会社　○○○○
2	所有権移転	平成18年4月30日 第9850号	原因　平成18年4月30日売買 所有者★4　○○市□□3丁目3番3号 甲山　太郎
3	差押	平成24年6月25日 第11500号	原因　平成24年6月25日××市役所差押 債権者　××市

甲区の読み方

順位番号★1	何番で
登記の目的★2	どんな登記をしたのか
原因★3	どんな原因でその権利が発生したのか
権利者★4	所有者の住所と氏名

特に、建物の登記事項証明書では：
その建物が建っている土地の所有者と建物の所有者が一致しているか確認しましょう。
一致していない場合には、土地の利用権（賃貸借、使用貸借）について確認しましょう。
どのような土地の利用権に基づいて建物を建てているのかによって、建物の担保価値が変わってくる場合もあります。

見方のポイント①

甲区は「所有権に関する事項」が記載され、登記事項証明書の中で最も重要な部分です。

まず、誰に所有権があるのかを把握します。事例では、現在の所有者は甲山太郎です。

「**所有権**」は他の権利と違い、一つの不動産について**一つしか成立できない**非常に強い権利です。

図表2-3-3　乙区の見方

権利部（乙区）（所有権以外の権利に関する事項）			
順位番号★1	登記の目的★2	受付年月日・受付番号	権利者その他の事項
1	抵当権設定	平成18年4月30日 第9852号	原因★3　平成18年4月30日金銭消費貸借同日設定 債権額　年金3,000万円 利息　年2.0% 損害金　年14% 債務者★4　○○市△△七丁目1番2号 　甲山　太郎 抵当権者★4　○○市□□一丁目7番7号 　株式会社◎◎◎ 共同担保　目録（あ）第100号

乙区の読み方

順位番号★1	この順位によって権利の優先が決まる
登記の目的★2	どんな登記をしたのか
原因★3	どんな原因でその権利を得たか
権利者その他の事項★4	権利の内容

（債権額）不動産を担保にして貸すお金。
（利　息）融資を受けた金利。1年間の利率で記載。
（損害金）返済が約束通り実施されなかった時、罰金として支払う金額を1年間の利率で記載。
（債務者）お金を借りた人。
（抵当権者）お金を貸した人。
（共同担保）借入金の担保となっている土地建物のリスト。

見方のポイント②

乙区は「所有権以外の権利に関する事項」について記載されています。

「所有権」以外の権利

担保権→抵当権・根抵当権・質権など

用益権→地上権・地役権・賃借権・永小作権・採石権

所有権と違い、これらの権利は一つの不動産に複数成立することができ、どの権利が優先するかは、**登記の順位**で決まります。

受付年月日・番号が“いのち”

「受付年月日と受付番号」の役割

不動産登記の申請は、受付年月日・受付番号で特定されます。登記を申請すると、受け付けられた順番に従い、連番で受付番号が振られます。これは、法務局の窓口で申請した場合も、インターネットによるオンライン申請をした場合も、すべて重複がないようシステムにより自動的に受付番号が決定されています。法務局ごとに1年を通じて連番が振られ、年始には1番に戻ります。

「受付年月日・受付番号」の最も大きな機能は、申請された登記の先後を決定するというもの。

「順位番号」にも登記の先後を決定する機能がありますが、甲区と乙区の先後は、特定できません。そこで、その法務局管轄内のすべての不動産登記申請に通し番号で振られている受付番号によって先後が決定されます。

ミニレクチャー（つづき）

図表2-3-4 先後の決定
（「順位番号」順ではなく、年ごとでの「受付番号」順）

権利部（甲区）（所有権に関する事項）			
順位番号	登記の目的	受付年月日・受付番号	権利者その他の事項
1	所有権移転	平成20年5月10日 第1052号	原因　平成20年4月7日相続 所有者　甲山　太郎
2	所有権移転 仮登記	令和2年1月10日 第1213号	原因　令和2年1月10日売買 権利者　乙田　次郎
	余白	余白	余白

権利部（乙区）（所有権以外の権利に関する事項）			
順位番号	登記の目的	受付年月日・受付番号	権利者その他の事項
1	根抵当権設定	令和2年3月15日 第1532号	原因　令和2年3月15日設定 極度額　金2,000万円 債権の範囲　銀行取引　手形債権　小切手債権 債務者　甲山　太郎 根抵当者　丙本　三郎

そして、この「受付年月日・受付番号」こそ、権利証や登記識別情報に記載されている「受付年月日・受付番号」と一致しているため、その権利証や登記識別情報の持主はその不動産の所有者であることが推定されるのです。

4. 表題部

① 表題部には何が記載されているのか？（土地）

「表題部」には、不動産の物理的現況が記録されています。

土地では所在・地番・地目・地積が、建物では所在・家屋番号・床面積など。

では、まず土地の登記事項証明書を確認してみましょう。

図表2-4-1

【表題部】（土地の表示）		調整　余白	【不動産番号】12345----（13桁）
【地図番号】	余白		筆界特定　余白
【所在】	××市××町〇〇丁目		余白
【①地番】	【②地目】	【③地積】㎡	原因及びその日付〔登記の日付〕
××番××	雑種地	130	××番から分筆〔平成18年8月10日〕
余白	宅地	130 : 33	②③平成18年10月4日地目変更 〔平成18年10月9日〕登記

「表題部」の欄に土地の表題登記である旨が明記され、「調整」には、この登記記録が調整された年月日が、そして不動産を特定するための13ケタの不動産番号が付されています。

「所在」には、土地が所在する市区町村を示しています。県名は記載されません。

「地番」は、この土地を特定する大切な符号であり、土地1筆ごとに付けられ、地番と公図によりその土地を確定することができます。

「地目」は、土地の用途のことです。ここが田や畑の農地であるときは、農地法による許可が必要となりますから注意が必要です。

「地積」は、土地の面積であり、宅地は小数点以下２ケタまで

「公簿取引」と「実測取引」って？

土地の取引の場面で、上記の言葉を耳にすることがあります。

土地の登記事項証明書には、「地積」欄に地積が記載されています。近年に測量が行われ、地積更正登記が行われた土地や、土地分筆登記が行われた土地の場合は、正確な面積が登記されていると考えられます。ところが、それ以外の土地は、昔の精度の低い測量技術で算出されている、場合によっては、課税を少しでも逃れようと故意に小さめの面積で登記がなされているもの等もありました。山間部の「山林」などの登記事項証明を読むと、「本当にこの面積？」と感じる、小さな面積の土地も実際に存在します。

このような土地の取引を行う場合、測量を行わずに、登記事項証明書の地積に基づき土地の値段を決める方法は「**公簿取引**」と呼ばれます。

対して、土地１㎡当たりの単価を決め、実際に測量して、売買代金を算出する方法を「**実測取引**」と呼びます。土地の測量を行うにはかなりの費用や時間がかかりますので、売主と買主の合意により、どちらかを選択することになります。

記載されます。事例は、従前は「雑種地」であった土地の地目が「宅地」に変更されたことにより面積も変わっています。

「原因日付」に、地目変更、分筆などにより表題部の登記記録に変更が生じた旨が記載されます。

2 建物表題登記（一戸建て）

建物も独立した不動産であり、土地とは別に登記されます。

建物を新築した場合に、所在・種類・構造・床面積等を登記簿の表題部に初めて公示する登記が、建物表題登記であり、建物を新築した所有者は、速やかに表題登記の申請が必要です。

土地家屋調査士が申請代理人となります。

「所在」は、その建物が存在している土地の所在と地番です。建物が２つ以上の土地にまたがっている場合は、すべての土地が記載されます。

「家屋番号」は、建物を特定するための符号です。基本的には

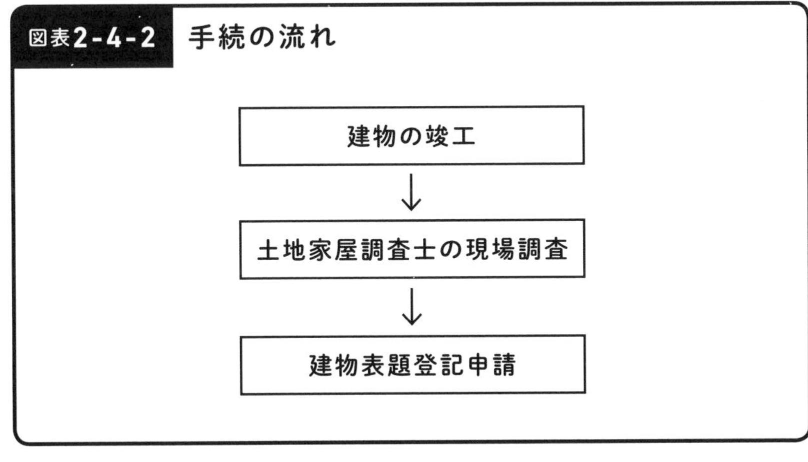

土地の地番ですが、同じ土地上に複数の建物が存在すると「1234番5の2」のように表示されています。

「種類」は、建物の用途による区分で、居宅、店舗、共同住宅などがあります。

「構造」は、建物の主たる部分の構成材料、屋根の種類、階数が記載されます。

「床面積」は、建物の広さを表しています。

「原因及びその日付」は建物が新築された日であり、〔　　〕内は建物登記が完了した日です。

「所有者」に、建物の所有者の住所・氏名が記載されますが、甲区に所有権保存登記がなされると抹消されます。

図表2-4-3　表題部（一戸建ての表示）

表　題　部　（主である建物の表示）		調整	余白	不動産番号	01234567898765
所在図番号	余白				
所　　在	中央区八重洲二丁目　1234番地5			余白	
家屋番号	1234番5			余白	
①種類	②構造	③床面積　㎡		原因及びその日付〔登記の日付〕	
居宅	木造スレート葺2階建	1階　40:22 2階　40:22		平成27年1月5日新築 〔平成27年1月8日〕	
所有者	東京都中央区八重洲二丁目6番21号　持分2分の1　甲山　太郎 東京都中央区八重洲二丁目6番21号　持分2分の1　甲山　花子				

建物いろいろ

建物の種類（主なもの）

居　　宅…住居として使用される一般の住宅。社宅や別荘も含まれます。

店　　舗…物品を販売する店のほか、飲食物を提供する店（レストラン等）、理髪店等。動物の診療を目的とする施設も店舗に含まれます。

共同住宅…１棟の建物の中で数世帯がそれぞれ独立して住居として使用できる建物をいいます。

他に、事務所、旅館、工場、倉庫、車庫、病院などがあります。

附属建物

母屋に隣接した車庫や物置等、主たる建物と効用上一体として利用される状態にある建物。附属建物が存在しなければ、何も記載されません。

居宅として登記されている建物を増築するなどして共同住宅に変更することは可能であり、建物の種類変更登記をします。以下の条件を満たすことが必要です。

1. 各部屋が独立とした住居となっていること。
2. 各部屋の玄関が別であり、独立して生活できる環境が整っていること。
3. 1階に両親、２階に子ども夫婦が居住している２世帯住宅の種類は、内階段等があり、１階と２階が自由に行き来できる

ミニレクチャー（つづき）

場合は居宅。それ以外の場合は原則として共同住宅の扱いとされています。

売買契約書と登記事項証明書の床面積に違いが？

不動産登記において「床面積」は、各階ごとに壁そのほか、区画の中心線で囲まれた部分の投影面積によって表示されます。

売買契約書は、建築基準法に基づく建築確認通知書の床面積で記載されている場合が多く、両者に違いが出ます。

たとえば

1. 床面より上にある出窓やシャッターのない車庫スペースは建築基準法では床面積に算入しますが、不動産登記法は算入しません。
2. ロフト（屋根裏部屋）は建築基準法は高さ1.4m 以上あれば床面積に算入しますが、不動産登記法は、1.5m 以上で算入します。

③ 建物表題登記(マンション)

マンション等の**区分所有建物**の表題登記は、一戸建てとは、かなり異なります。分譲マンションなどでは、各部屋を1個の独立した建物として登記します。

建物全体のことを「一棟の建物」、各部屋のことを「**専有部分の建物**」として表示します。

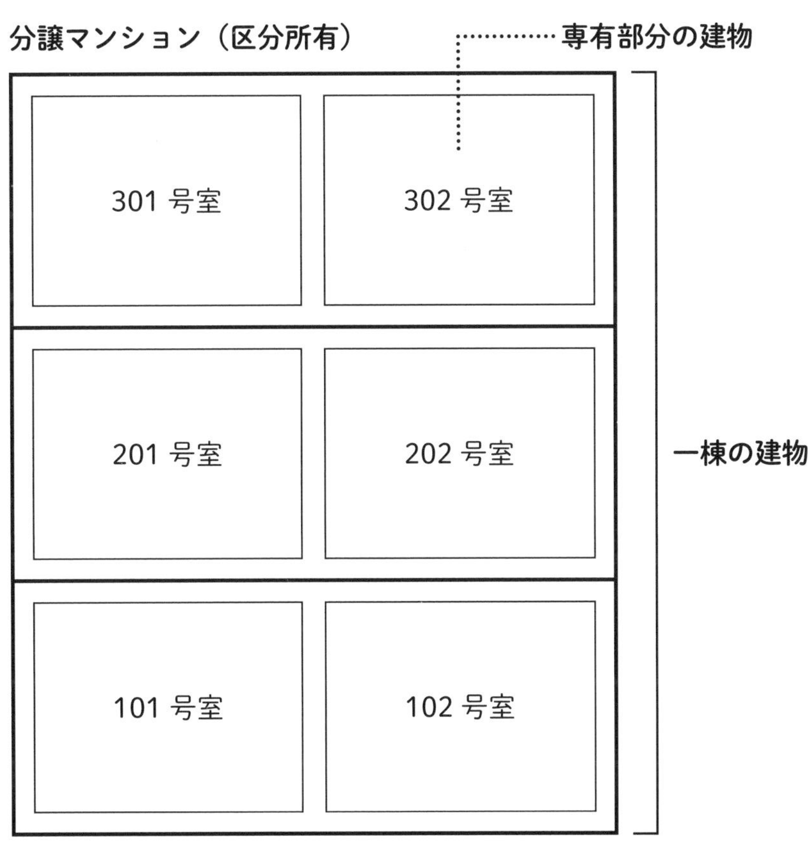

では、具体的に確認してみましょう。

図表2-4-4（区分所有建物の「一棟の建物の表示」）

○○市△△二丁目５-３-302　　全部事項証明書（建物）

専有部分の家屋番号	5-3-101～5-3-108　5-3-201～5-3-208 5-3-301～5-3-308　5-3-401～5-3-408				
表　題　部　（一棟の建物の表示）		調製	平成○年○月○日	所在図番号	余白
所在	○○市△△二丁目５番地３		余白		
建物の名称	富士見マンション		余白		
①構造	②床面積　㎡		原因及びその日付〔登記の日付〕		
鉄筋コンクリート造陸屋根４階建	１階　500.10 ２階　500.00 ３階　500.00 ４階　400.00		余白		
余白	余白		昭和63年法務省令第37号附則第２条第２項の規定により移記 平成○年○月○日		

表　題　部（敷地権の目的である土地の表示）				
①土地の符号	②所在地及び地番	③地目	④地積　㎡	登記の日付
1	○○市△△二丁目５番３	宅地	700.00	平成○年○月○日

「専有部分の家屋番号」に、この一棟の建物に全体で何個の占有部分があるかが表示されています。事例では32個です。

「所在」は、建物の存在する敷地の所在です。

「建物の名称」は、マンション名ですが、古い建物や小規模の建物にはないケースもあります。

「構造」「床面積」「原因及びその日付」も、一棟の建物全体について表示されます。

「敷地権の目的である土地の表示」に、**敷地権**の目的となっている土地について表示され、土地が複数存在する場合もあり、符号が付されます。

マンションのような大きな区分所有建物では、各部屋の所有者が敷地部分を共有していますが、土地の登記事項証明書の記載が多人数の共有となり、大変なことになります。

図表2-4-5 (区分所有建物の「専有部分の建物の表示」)

表　題　部 (専有部分の建物の表示)			不動産番号	012345----（13桁）---
家屋番号	△△二丁目5番3の302		余 白	
建物の名称	302号		余 白	
①種類	②構造	②床面積　㎡	原因及びその日付〔登記の日付〕	
居宅	鉄筋コンクリート造1階建	3階部分　60 00	平成○年○月○日新築	
余 白	余 白	余 白	昭和63年法務省令第37号附則第2条第2項の規定により移記 平成○年○月○日	

表　題　部 (敷地権の表示)			
①土地の符号	②敷地権の種類	③敷地権の割合	原因及びその日付〔登記の日付〕
1	所有権	○○万○○分の○○	平成○年○月○日敷地権 〔平成○年○月○日〕
所有者	(省略)		

権　利　部　（　甲　区　）(所有権に関する事項)			
順位番号	登記の目的	受付年月日・受付番号	権利者その他の事項
1	所有権保存	平成○年○月○日 第○○号	原因　平成○年○月○日売買 所有者　○○市△△二丁目2番1-2号 甲野　太郎 順位1番の登記を移転
	余 白	余 白	昭和63年法務省令第37号附則第2条第2項の規定により移記 平成○年○月○日

そこで、土地と建物を一体としてとらえ、すべての登記を建物登記簿に一本化（**一体化**）することとしました。この場合、建物の敷地部分に対する権利を、特別に「**敷地権**」と呼びます。

「専有部分の建物の表示」には、「家屋番号」として、各部屋の家屋番号が付されます。

「建物の名称」には、家屋番号とは別に「定めた場合」のみ記載します。

「種類」「構成」「床面積」は、その専有部分についての表示です。

「1階建て」とは、専有部分が1階のみの構造であるという意味です。

「敷地権の表示」として、敷地権の目的となっている敷地について、そして、専有部分の所有者が持つ敷地権の割合が記載されます。

4 建物滅失登記

建物が取り壊された場合、所有者は速やかに建物の滅失登記申請が必要です。滅失登記が完了すると登記簿は閉鎖されます。通常は、土地家屋調査士が申請代理人となりますが、この登記申請には、解体業者の解体証明書（印鑑証明書付）が必要です。

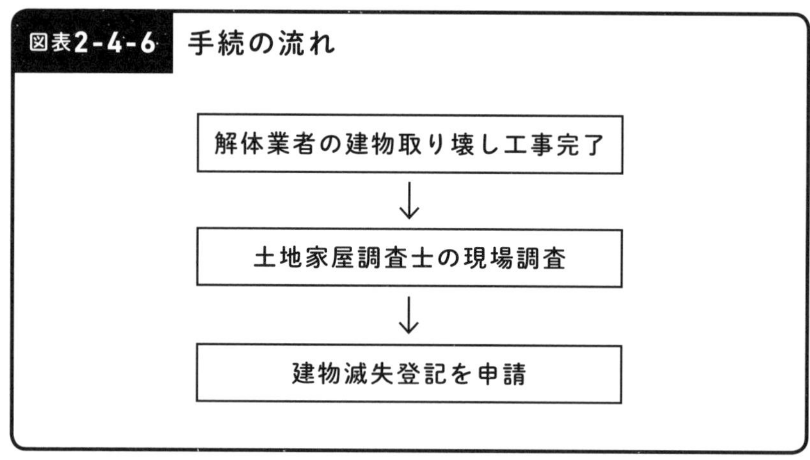

図表2-4-7 表題部（建物の滅失）

表　題　部（主である建物の表示）		調整	余 白	不動産番号	01234567898765
所在図番号	余 白				
所　　在	中央区八重洲二丁目　1234 番地 5		余 白		
家屋番号	1234 番 5		余 白		
①種類	②構造	③床面積　　㎡	原因及びその日付〔登記の日付〕		
居宅	木造スレート葺 2 階建	1 階　　40：22 2 階　　40：22	平成 17 年 1 月 5 日新築 【平成 17 年 1 月 8 日】		
余 白	余 白				
余 白	余 白	余 白	令和 2 年 6 月 6 日取毀 【令和 2 年 6 月 10 日閉鎖】		

※下線のあるものは抹消事項であることを示す。

事例は、「令和２年６月６日取毀」により建物が滅失されたものです。滅失登記により、建物の登記記録は閉鎖されます。後日、この登記事項証明書を取得するには、閉鎖登記事項証明情報を請求してください。

疑問にお答えします

1．**登記簿上の所有者が死亡している場合は、誰が滅失登記を申請するのでしょうか？**

→法定相続人が申請します。法定相続人が複数の場合はその内の一人からも申請することが可能です。

2．**抵当権等の権利が付いたままで滅失登記ができるのでしょうか？**

→できます。ただし、申請書に抵当権等登記名義人の承諾書等を添付する必要があります。

3．**建物を数年前に取り壊しましたが、業者からの解体証明書がない場合、滅失登記は申請できるのでしょうか？**

→できます。不登載証明（建物に固定資産税が課税されていないことの証明書）を取得し、申請書に添付することが可能です。

4．**登記簿が閉鎖されている建物を担保に取ることはできるでしょうか。**

→できません。存在しない建物に担保を設定することはできません。

5 土地の地目変更登記

たとえば、登記簿上の地目が農地（田・畑）または宅地以外である土地の上に建物を新築するときのように、土地の用途を変更した場合には、地目の変更登記を行います。所有者は地目変更登記を速やかに申請する必要があります。

この登記は、土地家屋調査士が申請代理人となります。

農地から農家以外の地目に変更する場合は、農地法４条または５条による許可書が必要となります（P.067参照）。

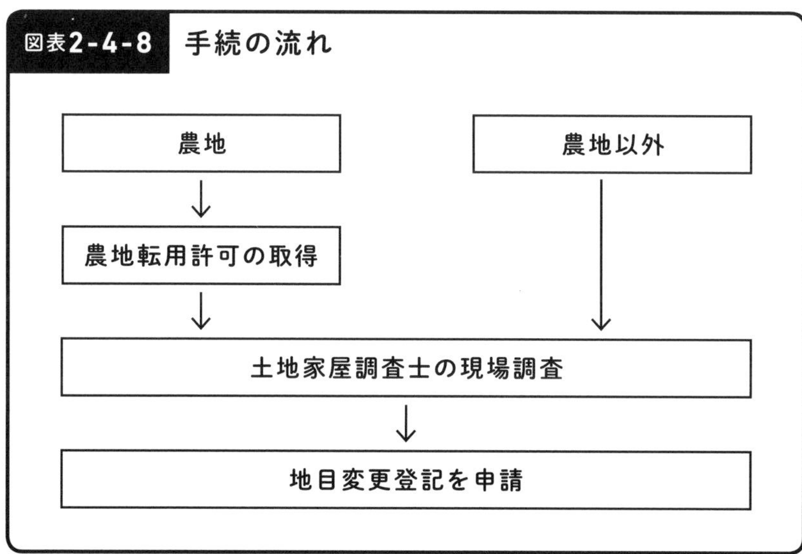

図表2-4-9 （土地の地目変更）

表　題　部　（土地の表示）			調整	余 白	不動産番号	0123456789123
地図番号	余 白		筆界特定	余 白		
所　　在	○○区△△一丁目			余 白		
①地番	②地目	③地積　　　㎡		原因及びその日付〔登記の日付〕		
1234番5	畑	90		余 白		
	宅地	90	50	平成27年1月18日地目変更 〔平成27年1月21日〕		

※下線のあるものは抹消事項であることを示す。

事例は、「畑」から「宅地」に地目を変更した場合ですが、先に述べたように同時に地積の表記も小数点以下第２位までに変わります。平成27年１月18日地目が変更され、平成27年１月21日に登記がなされています。

農地法も忘れないでね

農地転用許可

農業用地の確保を理念とする国の農業政策により、農地を農地以外に転用する場合は、原則として都道府県知事または農林水産大臣の許可を得なければなりません。ただし、市街化区域内農地転用は手続の簡略化が図られ、農業委員会への届出および受理により農地転用が許可されます。転用には２種類あり、農地法に基づき手続を行います。

1. 自己の農地を宅地とする場合→農地法４条
2. 農地を取得し宅地とする場合→農地法５条

地目の定義

不動産登記法では、23の地目が定められています。主なものは以下のとおりです。

1. 宅地…………建物の敷地およびその庭
2. 田……………農耕地で用水を利用して耕作する土地
3. 畑……………農耕地で用水を利用しないで耕作する土地
4. 公衆用道路…一般交通の用に供される道路（道路法による道路であるかどうかを問わない）
5. 山林…………耕作の方法によらないで竹木の生育する土地
6. 原野…………耕作の方法によらないで雑草、灌草類の生育する土地
7. 用悪水路……灌漑用水または悪水排泄用の水路
8. 雑種地………一例として、駐車場やテニスコート等
9. 墓地…………人の遺骨を埋める土地

 土地の分筆・合筆登記

≪土地分筆登記≫

１筆の土地を分割して２筆以上の土地にすることです。所有者は自由に分筆することができ、物理的な現況に変更を加える必要はありません。

この登記は、土地家屋調査士が申請代理人となりますが、境界確認書（立会証明書）が必要です。

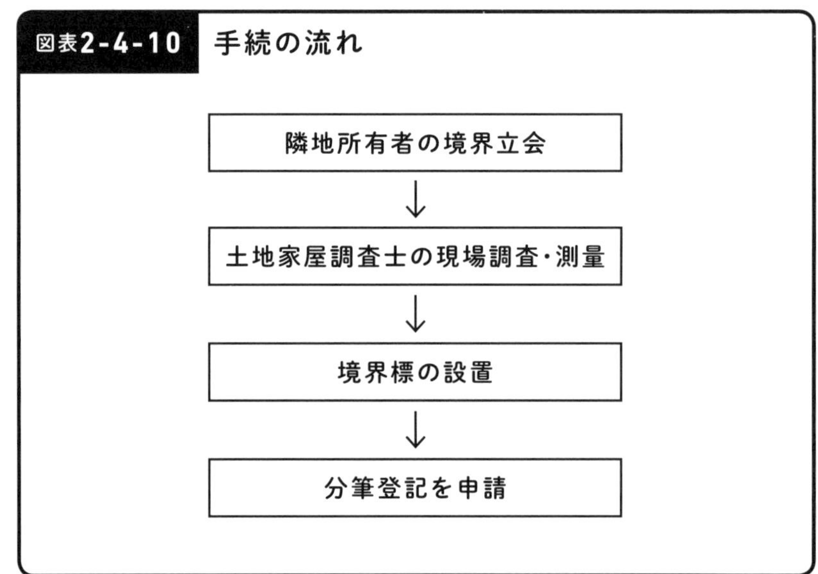

［事例図解］

≪10番１の土地を２筆に分筆した場合≫

事例は、令和２年１月21日に10番１の土地が分筆され、新たに10番２の土地が登記されたものです。

図表2-4-11 （分筆した登記簿）

表　題　部　（土地の表示）		調整	余白	不動産番号	0123456789123
地図番号	余白	筆界特定	余白		
所　　在	○○区△△一丁目			余白	
①地番	②地目	③地積　　㎡		原因及びその日付〔登記の日付〕	
10番1	宅地	90	00	余白	
余白	余白	60	00	10番1、10番2に分筆 〔令和２年１月21日〕	

※下線のあるものは抹消事項であることを示す。

図表2-4-12 （分筆により新しくできた登記簿）

表　題　部　（土地の表示）		調整	余白	不動産番号	0123456789124
地図番号	余白	筆界特定	余白		
所　　在	○○区△△一丁目			余白	
①地番	②地目	③地積　　㎡		原因及びその日付〔登記の日付〕	
10番2	宅地	30	00	10番1より分筆 〔令和２年１月21日〕	

※下線のあるものは抹消事項であることを示す。

分筆で抵当権は、どうなるの？

抵当権がついている１筆の土地を２筆に分筆すると、抵当権は分筆した２筆の土地の上に存続することとなり、共同担保の関係になりますので、「共同担保目録」が作成されます。

境界確認書に署名が必要な隣地所有者の範囲は？

1. 道路査定済（道路との境界が確定済）の場合

　不動産登記法の改正により分筆後のすべての土地について、求積が必要となったため、広大な土地の一部を分筆する場合を除き、隣地所有者全員の境界確認作業が必要となります。

2. 道路査定未済（道路との境界が未確定）の場合

　道路境界を確定した上（原則として、向かい３軒、両隣）で、上記１の境界確認作業が必要となります。

2	3	4	
5	1	6	

道路

↓ １の土地を分筆

2	3		4	
5	1－1	1－2	6	

道路

※１の土地を分筆する場合、２・３・５・６の土地所有者との境界確認作業が必要となす。ただし、例外として、１－１が広大で、１－２がわずかなときなどは、３・６の土地の所有者との境界確認作業を行えばよいとされています。

≪土地合筆登記≫

登記された数筆の土地を１筆の土地にすることです。所有者は自由に合筆（がっぴつ）をすることができます。合筆するすべての土地は、地目・所有者・担保権の状況が同じでなければなりませんが、物理的な現況に変更を加える必要はありません。

土地家屋調査士が申請代理人となりますが、合筆する土地の登記識別情報（登記済証）が必要です。

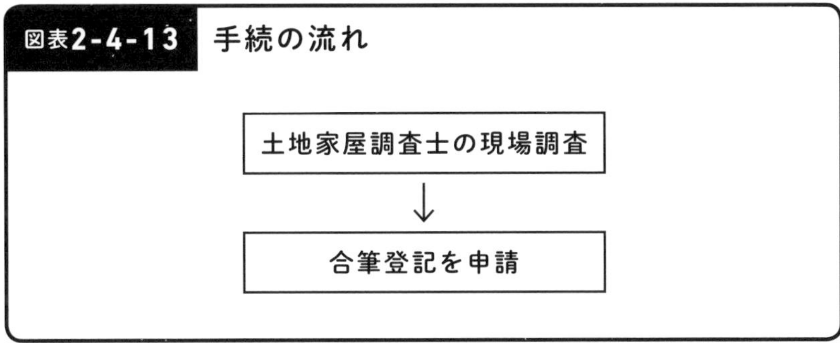

［事例図解］

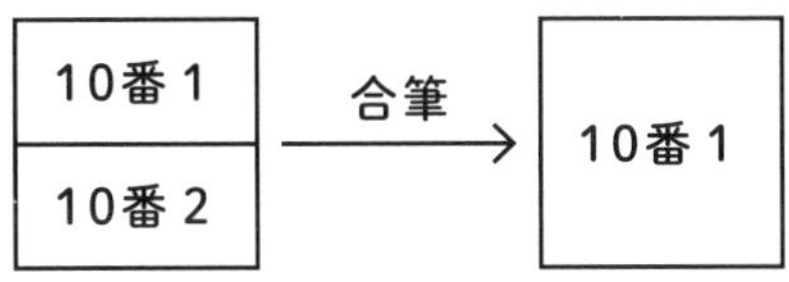

≪10番1の土地に10番2の土地を合筆する場合≫

図表2-4-14 （10番1の登記簿―存続する）

表　題　部　（土地の表示）		調整	余白	不動産番号	0123456789123
地図番号	余白	筆界特定	余白		
所　　在	○○区△△一丁目		余白		
①地番	②地目	③地積　㎡	原因及びその日付〔登記の日付〕		
10番1	宅地	90 : 00	余白		
余白	余白	100 : 00	10番2を合筆 〔令和2年1月21日〕		

※下線のあるものは抹消事項であることを示す。

図表2-4-15 （10番2の登記記録―閉鎖される）

表　題　部　（土地の表示）		調整	余白	不動産番号	0123456789124
地図番号	余白	筆界特定	余白		
所　　在	○○区△△一丁目		余白		
①地番	②地目	③地積　㎡	原因及びその日付〔登記の日付〕		
10番2	宅地	10 : 00	余白		
余白	余白	余白	10番1に合筆 令和2年1月21日同日閉鎖		

※下線のあるものは抹消事項であることを示す。

合筆されると、最も若い地番の登記記録だけが残り、他の土地の登記記録は閉鎖されます。

合筆に注意あり

所有者・地目・担保の内容が同一でないと、合筆できません。

以下の場合は、甲と乙は合筆できません。

	甲土地	乙土地
所有者	A	B
	A・B	A・C
地目	宅地	畑
担保権内容	担保権あり	担保権なし
	既存担保	追加担保

合筆する土地の登記識別情報（登記済証）がない場合には、次のどちらかの方法により、申請人の権限を確認することとなります。

1.事前通知制度により本人確認を行う。

2.土地家屋調査士等による本人確認情報を添付する。

合筆した土地を売却する際に必要な登記識別情報（登記済証）

合筆登記は表示に関する登記ではありますが、登記後に交付される登記識別情報（登記済証）が、所有者の登記済証となります。ゆえに、売却の際には合筆登記をしたときに発行された登記識別情報（登記済証）が必要です。便宜、合筆登記をする前の土地全ての権利証でも可です。

ちなみに、分筆登記をした際には登記識別情報は交付されません。

5. 甲区

1 甲区には何が記載されているのか？

表題部がその不動産の所在、種類、面積などの物理的な現況を表すものであること先に述べました。そして、甲区・乙区は、その不動産の具体的な**権利関係**を表すもので、特に、「甲区」は、所有権が誰にあるのかを表す、最も重要な部分です。この記載を見誤ると、そもそも「誰が所有者なのか」という前提が崩れ、大きな損害を被る場合すらあります。

ここに、「甲区」の記載例を掲げます。

図表2-5-1 権利部（甲区）の表示

○○市△△一丁目1-1　全部事項証明書（土地）

【 権 利 部 （ 甲 区 ） 】 （所 有 権 に 関 す る 事 項）			
【順位番号】	【登記の目的】	【受付年月日・受付番号】	【権 利 者 そ の 他 の 事 項】
2	所有権移転	平成○○年○月○日 第○○号	原　因　平成○年○月○日相続 所有者　○○市△△一丁目１番２号 　甲山　太郎
	余 白	余 白	昭和 63 年法務省令第 37 号附則第２条第２号の規定により移記 平成○年○月○日
3	所有権移転	平成○○年○月○日 第○○号	原　因　平成○○年○月○日売買 所有者　◎◎市□□二丁目３番４号 　乙田　次郎
付記１号	２番登記名義人住所変更	平成○○年○月○日 第○○号	原　因　平成○○年○月○日住所移転 住　所　○○市△△一丁目１番２号

※ 下線のあるものは抹消事項であることを示す。

「甲区」は、「権利部（甲区）（所有権に関する事項）」と記載され、「順位番号」「登記の目的」「受付年月日・受付番号」「権利者その他の事項」の各欄があります。

「順位番号」は、登記がなされた順番であり、1、2のように記載され「主登記」と呼ばれます。登記は、その「区」の中で先に申請されたもの＝順位番号が早いほうが優先されます。

事例には、「順位番号」に「付記1号」という記載があり、「登記名義人住所変更」という記載があります。これは、**「付記登記」**と呼ばれ、既になされた主登記の内容に変更をする場合などになされ、主登記と一体であることを示します。変更された記載は、該当部分にアンダーラインがされます。事例は、平成〇〇年〇月〇日に、所有者である乙田次郎の住所が移転したことを表しています。

「登記の目的」は、どのような登記なのかを表し、所有権保存、所有権移転などと記載されます。

「受付年月日・受付番号」は、登記を申請した日と、申請ごとに割り振られた番号です。この番号が、「権利証」や「登記識別情報」に記載される番号となります。

「権利者その他の事項」には、どのようにしてその所有権を取得したかという「原因」が、売買、贈与などのように記載されます。そして、所有者の住所・氏名も記載されるのです。

2 所有権保存登記

所有権保存登記とは、所有権のない不動産に**「初めて行われる」**所有権の登記を言います。たとえば、建物を新築した場合、不動産の外形的な表題登記を行い、次に、甲区に所有権保存登記を行います。以後、この「所有権保存登記」を基盤として、所有権移転や抵当権設定などの登記が行われます。

図表2-5-2 手続の流れ

表題登記の申請・完了

↓

所有権保存登記の申請

図表2-5-3 普通建物（戸建て）の所有権保存登記 ―単有の場合

【権利部（甲区）】（所有権に関する事項）			
【順位番号】	【登記の目的】	【受付年月日・受付番号】	【権利者その他の事項】
1	所有権保存	令和○年○月○日 第○号	所有者　○○市△△一丁目1番2号 甲山　太郎

図表2-5-4 普通建物（戸建て）の所有権保存登記 ―共有の場合

【権利部（甲区）】（所有権に関する事項）			
【順位番号】	【登記の目的】	【受付年月日・受付番号】	【権利者その他の事項】
1	所有権保存	令和○年○月○日 第○号	共有者 ○○市△△一丁目1番2号 持分3分の1 甲山　太郎 ○○市△△二丁目3番5号 持分3分の1 乙田　次郎 ○○市△△三丁目6番7号 持分3分の1 丙本　三郎

①単独と共有で記載が違う

不動産が単独所有の場合は、「権利者その他の事項」に、事例のように「**所有者**」として一人だけの住所・氏名が記載されます。

これに対して、夫婦で不動産を共有する場合のように、複数の者が所有者である場合、「**共有者**」とされ、さらに各人の住所・氏名のほかに「**持ち分**」が記載されます。

②所有権保存登記には「原因」がない

最初からその不動産の所有者であるのですから、「売買」「贈与」などの取得原因がなく、記載もされません。

③分譲マンション等の区分建物の例外

所有権保存登記は、原則として「表題部」に所有者として登記された者が申請することが原則です。しかし、マンション事業者から新築マンションを購入した場合などは、例外的に、購入者が「所有権保存」登記を申請することが可能です。この場合には、「権利者その他の事項」欄に「原因○年○月○日売買」と**原因も記載される**こととなります。

3 所有権移転登記（売買）

やっとマイホームを手に入れた、投資用不動産を購入した等、登記実務の現場で最も頻繁に関わる事例が、不動産売買です。不動産を購入した場合は、「売買」を原因とする所有権移転登記を行うことにより「この不動産は私のものだ」と第三者に主張（**対抗**）することができます。

民法の原則では、売買契約と同時に不動産の所有権が相手方に移転しますが、ほとんどの不動産売買契約書には「代金支払いと

図表2-5-5 手続の流れ

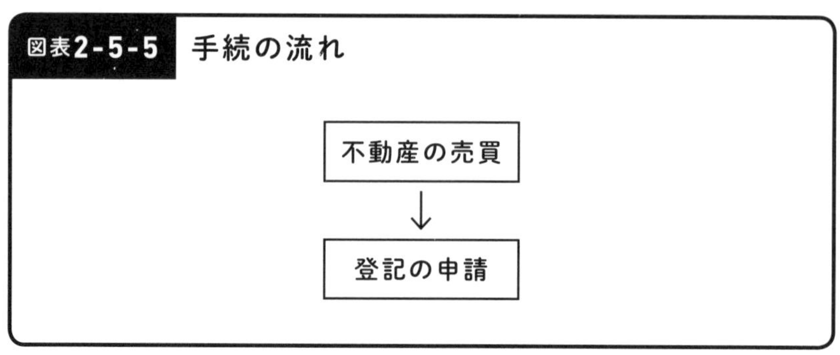

図表2-5-6 所有権移転登記の事例

【権利部（甲区）】（所有権に関する事項）			
【順位番号】	【登記の目的】	【受付年月日・受付番号】	【権利者その他の事項】
1	所有権保存	平成○○年○月○日 第○○号	所有者　○○市△△一丁目1番1号 　甲山　太郎 順位1番の登記を移記
	余白	余白	昭和63年法務省令第37号附則第2条第2号の規定により移記 平成○○年○月○日
2	所有権移転	令和○年○月○日 第○号	原　因　令和○年○月○日売買 所有者　○○市△△二丁目3番5号 　乙田　次郎

同時に所有権が移転する」という**特約**が設けられています。「所有権移転登記」は、買主を登記権利者、売主を登記義務者として申請します。

①「売買」と記載

「登記の目的」欄は「**所有権移転**」、「権利者その他の事項」欄は、「原因　令和○年○月○日売買」と記載されます。単独で不動産を取得した場合は「所有者」とされ、住所、氏名が記載され、複数で取得した場合には、「共有者」となり「持ち分」が記載されることは、前の項目で述べたとおりです。「受付年月日・受付番号」は、登記申請を行った日とその番号であり、発行される権利証や登記識別情報通知の番号となります。

②共有不動産の売買は注意

共有不動産を売買で移転する場合、「登記の目的」記載が複雑になります。

・共有者が全員で売る場合…「共有者全員持分全部移転」

・共有者の一人が売る場合…「甲持分全部移転」

その他、「甲を除く共有者全員持分全部移転」などの記載方があります。

共有者が多数いる場合などは「持分」が非常に複雑になります。このような記載を見かけたら、誰がその不動産を所有しているのか，表などに表してみると理解しやすくなります。

4 所有権移転登記(贈与)

夫婦間の配偶者贈与の特例を利用した贈与、相続対策としての贈与など、不動産を贈与した場合には、「贈与」を原因とした所有権移転登記を行います。贈与による登記は、売買による所有権登記と同様、贈与を受ける者を「登記権利者」、贈与する者を「登記義務者」として共同申請します。

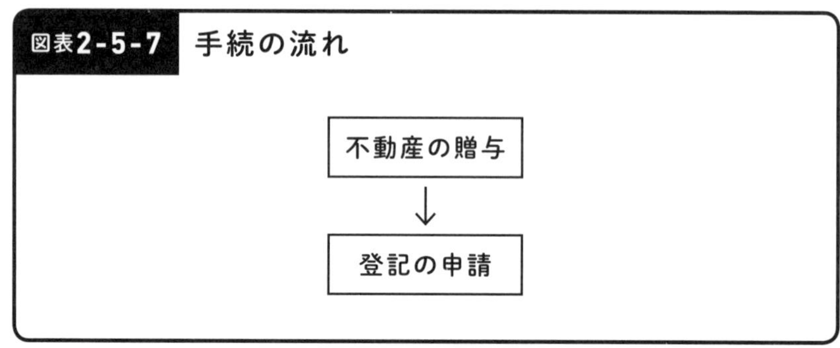

図表2-5-7 手続の流れ

図表2-5-8 贈与が行われた事例

【権利部（甲区）】（所有権に関する事項）			
【順位番号】	【登記の目的】	【受付年月日・受付番号】	【権利者その他の事項】
1	所有権保存	平成○○年○月○日 第○○号	所有者　○○市△△一丁目1番1号 甲山　太郎
2	所有権移転	令和○年○月○日 第○号	原　因　令和○年○月○日贈与 所有者　○○市△△一丁目2番3号 乙川　一雄

①「贈与」と記載

「登記の目的」欄は「**所有権移転**」、「登記権利者その他の事項」欄は、「原因　令和○年○月○日**贈与**」と記載されます。単独で不動産を取得した場合は「所有者」とされ、住所、氏名が記載され、複数で取得した場合には、「共有者」となり「持ち分」が記載されることも、前の項目で述べたとおりです。

さて、税制上のメリットも多い贈与ですが、改めて贈与について確認してみます。

【暦年贈与】

贈与税の110万円の基礎控除の範囲内で、毎年贈与を行うものです。110万円であっても、仮に10年続けて贈与すると1,100万円を贈与することも可能です。不動産の110万円までに相当する持分を、毎年移転している登記事項証明書をご覧になった方も多いと思います。

贈与は口約束でも成立しますが、税務署等にも証明するために、毎年贈与契約を作成し、入金の記録を残しておかれることをお勧めします。ただし、この暦年贈与は廃止が検討されています。

【配偶者控除の特例を生かした贈与】

婚姻期間が20年以上の夫婦であれば、居住用不動産につき、基礎控除の110万円に加えて2,000万円の**配偶者控除**を利用することができます。「おしどり贈与」とも呼ばれ、不動産の持分を2,000万円分贈与することも、今後購入する自宅の購入資金としてキャッシュを贈与することも可能です。

ところで、これまでこの制度を利用してご主人が奥様に贈与したとしても、相続の遺産分割を行う際には、「遺産の先渡しを受けた」とする扱いとなっていました。しかし、相続法の改正により、2019（令和元）年７月１日以降に行ったおしどり贈与については、遺産分割や遺留分請求の対象からも外れることとなりました。ご主人の奥様への愛情がそのまま生かされるということです。

【相続時精算課税制度を利用した贈与】

相続時精算課税制度とは、生前贈与を行った際、いったん軽減された贈与税を納め、その後、相続が開始した時点で、その贈与財産と他の相続財産を合計した価額をもとに計算した相続税額から、既に支払った贈与税額を精算する仕組みです。

60歳以上の父母または祖父母から20歳以上の子・孫への生前贈与について利用することが可能です。この制度を利用すると、生前贈与は2,500万円の非課税枠を利用できるので、使う方も多い制度です。

5 信託登記

「究極の認知症対策」として、最近、にわかに注目されてきた**民事信託**（家族信託®注とも表現されます）。民事信託とは、一言でいうと、不動産の所有者（委託者）が、自分が信頼する人（受託者）に不動産を託し、その不動産から得られる利益を他の人（受益者）に渡してもらう仕組みです。受益者は他人であることもあれば、委託者自身であることもあります。

親が元気なうちに民事信託の仕組みを活用すれば、「親（委託者）から子（受託者）に財産を託す」ことができます。子の財産管理によって生じた利益を、親が受取人（受益者）としておけば、親も安心です。

注）「家族信託®」は、一般社団法人家族信託普及協会の登録商標です。

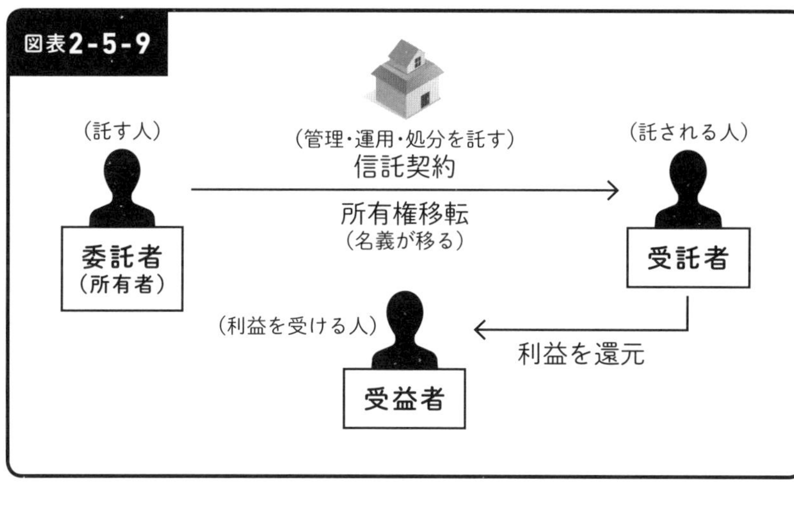

信託したことを他人にも知らせる必要があるので、信託を原因とする所有権移転を行いますが、受託者は完全なる所有権を取得するのではなく、不動産の管理・処分をする権限だけを有するとされています。

信託契約は、個別の契約によって千差万別であり、その契約内容は信託登記の登記事項として「信託目録」に記載されます。ゆえに、登記事項証明書に信託登記の記載があれば、必ず「信託目録付き」として請求することにご注意ください。

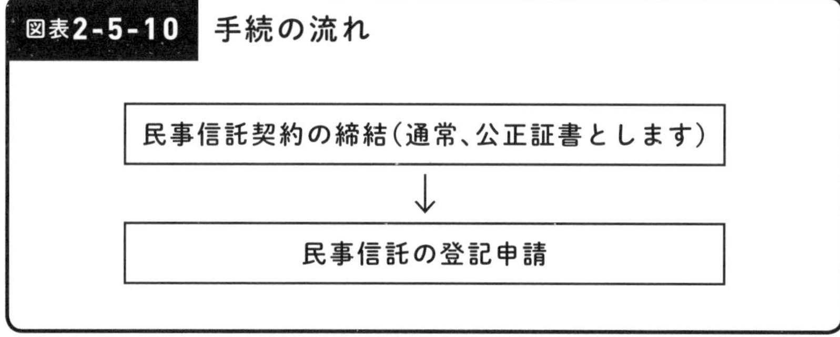

図表2-5-11 民事信託が行われた事例

表題部 (土地の表示)			調整	平成○○年○月○日	不動産番号	13桁
地図番号	余白	筆界特定	余白			
所在	○○市△△一丁目			余白		
① 地番	②地目	③ 地積 ㎡		原因及びその日付〔登記の日付〕		
1234番5	宅地	300	50	余白		

【権利部 (甲区)】(所有権に関する事項)			
【順位番号】	【登記の目的】	【受付年月日・受付番号】	【権利者その他の事項】
1	所有権移転	平成○○年○月○日 第○○号	原因 平成○○年○月○日相続 所有者 ○○市△△一丁目3番3号 甲山 太郎
2	所有権移転	令和○年○月○日 第○号	原因 令和○年○月○日信託 受託者 ○○市□□五丁目1番1号 甲山 次郎
	信託	余白	信託目録第567号

信託目録		調整	余白
番号		受付年月日・受付番号	予備
567		令和○年○月○日 第○号	余白
1 委託者に関する事項	○○市△△一丁目3番3号 甲山 太郎		
2 受託者に関する事項	○○市□□五丁目1番1号 甲山 次郎		
3 受益者に関する事項	○○市△△一丁目3番3号 甲山 太郎		
4 信託条項	※ 信託条項は省略		

①信託の登記は

「登記の目的」欄に、委託者から受託者への「**所有権移転**」がされた旨、記載されます。

②どのような記載

「権利者その他の事項」欄に、「令和○年○月○日信託」と記載され、信託された人が「**受託者**」と記載されます。また、付記登記で「**信託**」である旨と**信託目録番号**が記載されます。

③信託目録には何が書かれている？

「信託目録」には、その信託契約の具体的内容が記載されています。「委託者に関する事項」「受託者に関する事項」そして「受益者に関する事項」と登場人物三者もすべて記載されます。また、**「信託条項」**として、信託契約書に記載された事柄のうち重要な登記事項が掲載されています。具体的には「信託の目的」「信託財産の管理方法」「信託の終了理由」「その他の事項」などです。

この信託目録は、登記事項証明書に法務局が勝手に付けてくれるのではなく、登記事項証明書を申請する際に「信託目録付き」と指定しなければ出ませんので、ご注意ください。

ここで、民事信託につき少しお伝えします。

【なぜ、究極の認知症対策なのか】

不動産の所有者である親が認知症を発症してしまうと、正常な判断ができなくなるため、その不動産を売ったり、他人に貸したりすることができなくなります。つまり、事実上の資産凍結状態となってしまうのです。しかし、親を施設に入れて面倒を見るために不動産を売却する必要があれば、やむなく、成年後見人を選任してもらうこととなります。選ばれた成年後見人に対しては報酬を支払わねばなりませんが、さて、その不動産を、売ろうと思っても売れない事態がまた起こります。家庭裁判所がなかなか、自宅売却の許可を出さないケースが増えてきたのです。なぜなら、成年後見という制度は、「本人の財産を守ること」が目的であり、不動産を売却することが、本人の資産を減らすこととなる可能性があるからです。

そこで、2007（平成19）年に施行された、改正信託法に注目が集まりました。親が元気なうちに子に不動産を信託しておくことで、子に名義が変わります。名義が変わっているからこそ、仮に親が認知症を発症してしまっても、現在の名義人である子が、親に代わって親の不動産を売却したり、賃貸したり、大修繕を行ったりすることが可能となります。

上記の契約で、たとえば、「父の存命中は受益者を父とする。父亡きあとには受益者を妻（母）とする」という契約などもうたうことができます。遺言書のような効果ですが、この「受益者」を２代先以降まで指定すること自体が、遺言書では財産の直接の

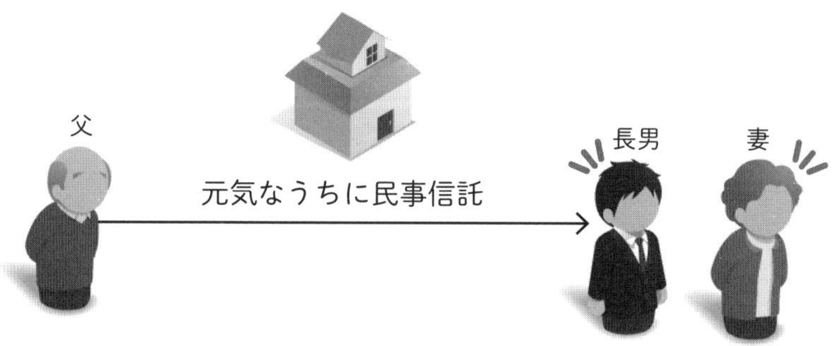

受取人までしか指定できないことと比較すると、より大きな効力を発揮するとも言えます。

【信託契約と税金】

たとえば、父が子に不動産を無償で贈与すると、子に贈与税が掛かります。税金は利益を受ける人＝受益権も持つ人が移動したときにかかります。ところが、以下の事例をご覧ください。

親が子に不動産を信託しますが、その信託契約書には「利益を受ける人が親である」旨定められています。利益を受ける人＝受益者は、信託する前も後も親のままです。つまり、受益権を持っている人に移動がないので、名義が移った子には取得税も、贈与税もかかりません。この時点で親が認知症を発症すると、名義が子に移っているので、子が親に代わり財産を処分することができます。

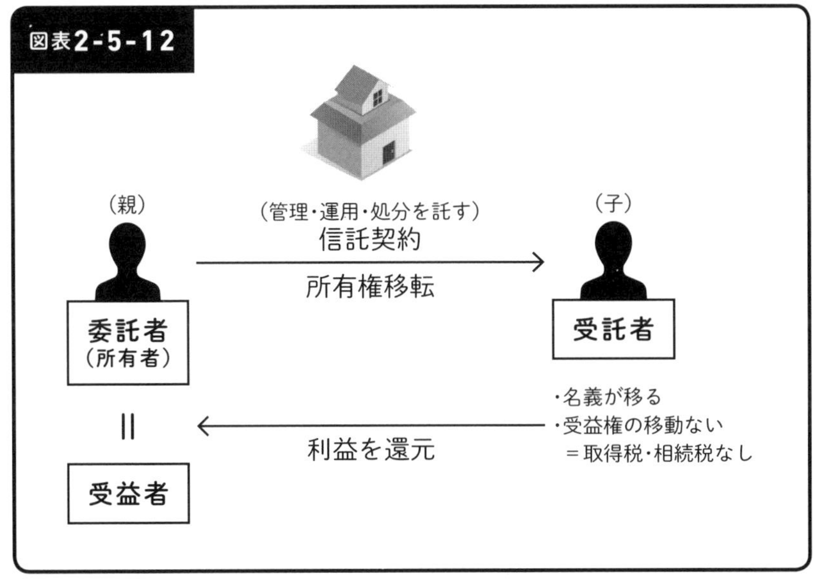

ですから、民事信託が認知症対策として期待されているのです。

ちなみに、信託をすると、不動産の名義を変更する際に登録免許税はかかりますが、売買や贈与に比べるとその約５分の１となります。また、信託して名義が移ると、その名義人（受託者）に固定資産税が課されます。ただし、将来、親が亡くなり子に受益権が移ると、その時に子に相続税がかかりますので、民事信託は相続税対策として有効とは言えません。

6 こんな記載も？

【委任の終了を原因とした所有権移転登記】

自治会や町内会などのように、団体としては存在しながら、法令上の要件を満たさないために法人として登記をすることができず、法人格を有していない団体が存在します。これを「権利能力なき社団」といいます。

たとえば、自治会が公民館の建物を所有している場合、法人格を有していないので法人名義の登記ができません。通常は、その団体の代表者の個人名として登記をするしか方法がありません。また、個人名で登記はできても、「代表者」などの肩書をつけることも認められていません。そして、代表者が変わり、新代表者に名義を移転する場合に「委任の終了」という登記原因で、所有権移転登記を行います。

「権利者その他の事項」欄に「原因　平成○年○月○日**委任の終了**」として、新代表者への所有権移転登記がされます。

参考までに、この権利能力なき社団である自治会が、市区町村長の認可を受け、法人格を認められれば、不動産を自治会名義で登記することが可能となります。この場合は、代表者個人から自

図表2-5-13 委任の終了登記の記載例

○○市△△一丁目 1-1　全部事項証明書（土地）

表　題　部　（土地の表示）			調整		平成○○年○月○日	不動産番号	13 桁
地図番号 41 － 1		筆界特定	余 白				
所　　在	○○市△△一丁目				余 白		
① 地　番	②地　目	③ 地　積　㎡			原因及びその日付〔登記の日付〕		
1 2 3 4 番 5	宅地	70	06		○○○○から分筆 〔昭和○○年○月○日〕		
余 白	余 白	余 白			昭和 63 年法務省令第 37 号附則第 2 条第 2 号の規定により移記 平成○○年○月○日		

【 権 利 部 （ 甲 区 ）】（所 有 権 に 関 す る 事 項）			
【順位番号】	【登記の目的】	【受付年月日・受付番号】	【権 利 者 そ の 他 の 事 項】
1	所有権移転	昭和○○年○月○日 第○○○号	原　因　昭和○○年○月○日売買 共有者 ○○市△△一丁目1番2号 持分3分の1 甲山　太郎 ○○市△△二丁目3番5号 持分3分の1 乙田　次郎 ○○市△△三丁目6番7号 持分3分の1 丙本　三郎
	余 白	余 白	昭和63年法務省令第37号附則第2条第2号の規定により移記 平成○年○月○日
2	共有者全員 持分移転	平成○年○月○日 第○号	原　因　平成○年○月○日委任の終了 所有者　丁谷　五郎

治会へ、「原因　令和○年○月○日（市区町村長の認可の日）委任の終了」とした、所有権移転登記を行います。

7 危ない登記

「あ、これは危ない！」

ここからは、登記事項証明書を取得した際に、その記載を見つけると注意を要する記載をご紹介します。

【差押】

差押とは、金銭を取り立てるため、不動産の所有者がその不動産を自由に売ったり、貸したりすることができないように不動産を押さえることをいいます。これは、「**処分の制限の登記**」の一種ですが、その名のとおり、処分を制限されるものの、禁止されるものではありません。

処分の制限の登記がされていたとしても、売買などによる所有権移転登記を申請することは可能ですが、差押の登記に対抗できずに、結局、所有権を失うこともありえます。この登記をされている所有者は、経済的にひっ迫している可能性が高いので、不動産取引を行う場合は、最大の注意が必要です。

差押の開始にはいくつかの原因があります。

①担保権者（抵当権者、根抵当権者、質権者等など）が、その権利に基づき競売を申し立てたもの 「担保不動産競売開始決定」

②判決や和解調書などの債務名義を持つ者が、競売を申し立てた場合 「競売開始決定」

競売開始決定がなされると、裁判所が法務局に差押登記を嘱託します。通常の登記のように、債権者が法務局に申請するわけではありません。

③滞納した税金等を取り立てるために、税務署や地方公共団体が

図表2-5-14　差押登記の事例

【権利部（甲区）】（所有権に関する事項）			
【順位番号】	【登記の目的】	【受付年月日・受付番号】	【権利者その他の事項】
1	所有権保存	平成○○年○月○日 第○○号	所有者　○○市△△一丁目1番1号 甲山　太郎
2	差押	令和○年○月○日 第○号	原　因　令和○年○月○日　東京地方裁判所 担保不動産競売開始決定 申立人　○○株式会社

行うもの　「滞納処分」

【仮差押・仮処分】

仮差押登記も仮処分登記も、「**処分の制限の登記**」の一種です。仮差押も仮処分も権利を保全する必要がある場合に、裁判所が発令する命令であり、**保全処分**と呼ばれます。

・仮差押

仮差押とは、**金銭債権**または金銭債権に置き換えることができる債権を有する者（債権者）が債務者の財産の減少を防ぐための法的手続です。

判決や和解調書などの、いわゆる債務名義を持たない債権者は、裁判などで債務名義を得て強制執行を行わねばなりません。しかし、実際に訴訟を提起して判決を得るまでには、相当の時間がかかります。その間に、債務者が不動産を処分してしまうことのないように行うのが、**仮差押**の登記です。裁判所は、保全処分を行うにあたり、一般的に債権者に保証金の供託を求めます。

図表2-5-15 仮差押の記載例

【権利部（甲区）】（所有権に関する事項）			
【順位番号】	【登記の目的】	【受付年月日・受付番号】	【権利者その他の事項】
1	所有権保存	平成○○年○月○日 第○○号	所有者　○○市△△一丁目1番1号 甲山　太郎
2	仮差押	令和○年○月○日 第○号	原　因　令和○年○月○日 大阪地方裁判所仮差押命令 債権者　○○市△△二丁目3番5号 乙田　次郎

・仮処分

仮差押が金銭債権を対象とするのに対して、**仮処分**は**金銭債権以外**を対象とします。仮処分の対象はさまざまですが、不動産に関しては「**処分禁止仮処分**」がなされるケースが多いです。

たとえば以下のような事例です。

①登記簿上は、甲川から乙山へ土地を売買し、乙山名義に所有権移転登記がなされています。

②しかし実際は、甲川から乙山への取引は無効であり、甲川が乙山に対して登記名義を自分に戻すように訴訟を提起しています。

③ところが、訴訟が終了するまでに時間がかかり、その間に乙山が不動産を第三者に売却してしまうと、甲川の権利が保護されなくなる可能性があります。

④そこで、甲川は、**処分禁止の仮処分の決定**を求め、裁判所の決定により、第三者に売却することが暫定的に禁止されています。

登記の記載は、事例のとおりです。

図表2-5-16 処分禁止の仮処分の記載例

【権利部 (甲区)】(所有権に関する事項)			
【順位番号】	【登記の目的】	【受付年月日・受付番号】	【権利者その他の事項】
2	所有権移転	平成○○年○月○日 第○○号	原　因　平成○○年○月○日売買 所有者　○○市△△一丁目1番1号 　乙山　太郎
3	処分禁止 仮処分	令和○年○月○日 第○号	原　因　令和○年○月○日東京地方裁判所仮処分命令 債権者　○○市△△二丁目3番5号 　甲川　次郎

仮差押も仮処分も、あくまでも暫定的な手続であり、所有者に権利が無くなるものではありませんので、この記載のある不動産を購入することはできます。しかし、裁判で所有者の権利が否定されてしまうと、債権者には対抗できなくなり、結局は、その不動産を手に入れることができなくなってしまいます。購入したい不動産の登記事項証明書にこの記載を見つけてしまったら、早急に専門家にご相談されることをお勧めします。

【破産】

個人（株式会社などの法人は除く）が破産した場合、破産者はその不動産を含め、財産の処分を自由にすることができなくなります。そのことを公に示すため**破産の登記**がなされます。破産財団に属する不動産についての管理及び処分をする権限は、破産管財人に属します。

この登記が入っている不動産を購入する場合、不動産の所有者ではなく破産管財人と連絡を行う必要があります。破産物件を売却するには裁判所の許可が必要となり、取引に必要な売主としての書類も、所有者ではなく破産管財人のものとなります。

図表2-5-17 破産登記の記載例

【権利部（甲区）】（所有権に関する事項）			
【順位番号】	【登記の目的】	【受付年月日・受付番号】	【権利者その他の事項】
3	破産手続開始決定	平成30年4月4日 第○○号	原　因　平成30年4月4日午後3時東京地方裁判所破産手続開始決定

ちなみに、法人が破産した場合、**法人の登記事項証明書**に破産の登記がなされ、法人所有の不動産には破産登記が入りませんので、ご注意ください。

破産管財人と連絡を取り、売却の合意が得られたら破産管財人が裁判所に売却許可を求めることとなりますので、手続には通常物件よりも時間がかかります。また、登記申請時には、「**裁判所の許可書**」「破産管財人の資格証明書と印鑑証明書」等、特殊な書類が必要となります。

【譲渡担保】

譲渡担保とは、債務の担保として債務者または第三者所有の財産を**債権者に**移転することです。不動産の所有権を譲渡担保の対象にした場合、**譲渡担保**を登記原因として**所有権移転登記**をしますが、被担保債権を登記事項証明書に表示することができません。被担保債権について債務不履行があれば、債権者はその不動産を売却することで、債権の弁済に充てることができますし、対象不動産を完全に取得することで債権の保全をすることもできるのです。なお、一般的には、譲渡担保登記のついた不動産を、債務者が占有し、使用を認める旨の契約がされています。

図表2-5-18 譲渡担保による所有権移転登記の記載例

【 権 利 部 （ 甲 区 ）】（所 有 権 に 関 す る 事 項）			
【順位番号】	【登記の目的】	【受付年月日・受付番号】	【権利者その他の事項】
3	所有権移転	平成○○年○月○日 第○○号	原　因　平成○○年○月○日売買 所有者　○○市△△一丁目1番1号 甲山　太郎
4	所有権移転	令和○年○月○日 第○号	原　因　令和○年○月○日譲渡担保 所有者　○○市△△二丁目3番5号 乙田　次郎

結局、登記からはこの不動産の元の所有者と債権者の返済状況がわからないため、この登記がなされている不動産を購入するのは、非常にリスクが高くなります。ちなみに、当事者間で、債務が弁済された場合には、この不動産の所有権を債務者（元の所有者）に返還することとなり、「債務弁済」を登記原因とした所有権移転登記がなされます。

購入希望物件にこの記載を見つけた場合も、早めに専門家に相談されるほうが良いでしょう。

【真正な登記名義の回復】

真正な登記名義の回復による登記とは、**本来の所有者以外の人の名義で登記**がされている場合、その人から**本来の所有者へ名義を移転させる**登記手続です。

たとえば、登記上では甲から乙へ贈与を原因とする所有権移転登記がされているものの、実際には甲から丙への贈与であった場合です。登記は実態上の権利変動を忠実に表す必要がありますから、本来は、いったん、甲から乙への移転登記を抹消してから、改めて甲から丙への所有権移転登記を行うべきです。しかし、原則どおりに登記手続をするには、贈与者である甲の協力が必要になりますが、長い時間が経過し、甲の協力が得られないケースが出てきます。そのような場合に、**真正な登記名義の回復**により、乙から丙への移転登記を行い、名義を回復させる手続を行うのです。つまり、**不動産登記の原則の例外**にあたる手続方法だといえ、以前は、「どうしようもないときに行う緊急避難」のように解釈されていた手続です。

ただし、2005（平成17）年に不動産登記法が改正され、不動産の権利に関する登記申請を行う際、原則として登記原因証明情報を提出しなければならなくなりました。真正な登記名義の回復による登記手続をする際、登記原因証明情報には、**現時点でなされている登記は無効である旨**と実体上の所有者の権利を明らかにする**事実を記載するだけではなく、真正な登記名義の回復の登記によって手続をしなければならない合理的な理由**を記載しなければならなくなりました。

ですから、以前登記されたものを目にする機会はあっても、現在は、現実的に申請することが難しい登記であるといえます。

図表2-5-19　真正な登記名義の回復登記の記載例

【権利部（甲区）】（所有権に関する事項）			
【順位番号】	【登記の目的】	【受付年月日・受付番号】	【権利者その他の事項】
4	所有権移転	令和○年○月○日 第○号	原因　真正な登記名義の回復 所有者　○○市△△一丁目1番1号 甲山　太郎

【買戻特約】

買戻特約とは、売買契約と同時に買戻しの特約をしておけば、売主は買主が払った代金と契約費用を返還することで、あとから売買契約を解除することができるというものです。買戻しの特約の対象となるものとしては、不動産の所有権が一般的であり、買戻特約を当事者以外の第三者にも主張するために登記を行います。

この登記がある不動産では、たとえその不動産が当初の所有者から第三者へ譲渡されていても、売主はその第三者に対して買戻権を行使することができます。つまり、買戻特約が登記されている不動産を購入することはできますが、後から、買戻権を行使される可能性があるわけですから、不動産購入時にこの登記を発見してしまうと、非常に高リスクであるとご認識ください。

ところで、実際の買戻特約の登記は、売買による所有権移転登記と同時に別の「**付記登記**」として申請されるルールです。売買による所有権移転登記が完了してから、買戻特約の登記を申請することはできません。買戻特約登記はあくまでも売買を原因とする**移転登記と同時に**する必要があり、代物弁済や譲渡担保を原因とする移転登記と同時に申請することは認められていません。

登記事項は、買主が売主に支払った**代金、契約費用、買戻しができる期間**です。契約費用がない場合は、契約費用なしと記載されます。また、買戻期間を定めなかった場合は、買戻期間が登記されることはありませんが、その場合は５年以内に買戻権を行使しなければなりません。 これに対し、10年を超える買戻し期間は認められておらず、たとえ10年を超える期間を定めても、その期間は10年に短縮されてしまいます。

この登記の記載のある不動産を購入したい場合には、「買戻し

図表2-5-20 買戻特約登記の記載例

【権利部（甲区）】（所有権に関する事項）			
【順位番号】	【登記の目的】	【受付年月日・受付番号】	【権利者その他の事項】
2	所有権移転	平成16年７月28日 第○○号	原　因　平成16年７月28日売買 所有者　○○市△△一丁目１番１号 　甲山　太郎
3 付１	所有権移転	平成20年２月１日 第10192号	原　因　平成20年２月１日売買 所有者　○○市△△二丁目３番５号 　乙田　次郎
3 付記１号	買戻特約	平成20年２月１日 第10192号	平成20年２月１日特約 売買代金　金○○円 契約期間　金○○円 期　　間　平成20年２月１日から５年間 買戻権者 　甲山　太郎
4	所有権移転	令和２年４月１日 第○号	原　因　令和２年４月１日売買 所有者　○○市△△三丁目６番７号 　丙本　三郎

期間」に注目し、上記の期間を経過している場合には、買戻特約登記を抹消してもらうこととなります。

【仮登記】

仮登記とは、本登記をなすべき実体的又は手続き的な要件が直ちに整わない場合に、将来、必要な条件が備わった時にする本登記のために、あらかじめ登記の順位を確保しておく登記のことをいいます。仮登記の付いた不動産を購入することはできますが、大変危険です。

仮登記には、２種類あります。ここでは、所有権に関する仮登記をお伝えいたしますが、所有権以外の仮登記もあります。

・一号仮登記

当事者間に物件の変動は既に生じているのに、登記申請に必要な手続上の条件が整わないとき、たとえば、

①登記義務者の登記識別情報を提供できないとき。

②農地法の許可書のような第三者の許可書や承諾書を提供できないとき。

に行います。この登記の目的欄は、「**所有権移転仮登記**」と記載されます。

・二号仮登記

当事者間にいまだ物権変動は生じていないのですが、

①将来生じる可能性がある権利変動について請求権を保全する場合

たとえば、甲が乙に対する債務を担保するために、もしも、返済できないときに金銭の代わりにその不動産を差し出すという、**代物弁済の予約**をする仮登記があります。

この登記の目的は「所有権移転**請求権**仮登記」です。

②一定の条件を満たせば権利変動をする予定ですが、いまだにその条件が満たされていない場合

たとえば、甲から乙へ不動産を売る場合、乙が売買代金を完済することを所有権移転の**条件**にしていながらも、乙が代金を完済していない場合にする仮登記です（**条件付き仮登記**）。

この登記の目的は「**条件付**所有権移転仮登記」です。

図表2-5-21 仮登記の記載例（一号仮登記）

【権利部（甲区）】（所有権に関する事項）			
【順位番号】	【登記の目的】	【受付年月日・受付番号】	【権利者その他の事項】
2	所有権移転 仮登記	令和○年○月○日 第○号	原　因　令和○年○月○日売買 所有者　○○市△△一丁目1番1号 甲山　太郎

図表2-5-22 仮登記の種類

【権利部（甲区）】（所有権に関する事項）			
【仮登記の種類】	【意　義】	【解　説】	【例　示】
一号 仮登記	権利が実際に動いたときにする仮登記 A ➡ B（所有権）	物件変動は既に生じているのに ①登記義務者の登記識別情報を提供できないとき。 ②第三者の許可書や承諾書を添付できないとき。	（登記の目的） 所有権移転仮登記 （原因及び日付） 年月日売買
二号 仮登記	権利が未だ動いていないときにする仮登記 A（所有権）……⇒B	物件変動は生じていないが、 ①将来において権利変動を生じさせる請求権を有しているとき	（登記の目的） 所有権移転請求権仮登記 （原因及び日付） 年月日代物弁済予約
		②請求権が始期付き又は条件付きの場合	（登記の目的） 条件付所有権移転仮登記 （原因及び日付） 年月日売買予約（条件は売買代金完済）

仮登記の目的は、「登記の順位を確保すること」です。ですから、この登記の後に、所有権移転登記をはじめとする第三者の登記がなされても、この登記を「本登記」とすることで、第三者の登記を否定する強い力を持ちます。本登記は、仮登記の**余白欄**

（上記**図表２－５－21**中[gray box]箇所）になされます。

ですから、仮登記の付いている不動産を購入することは、非常に危険であるのです。

「地面師」にご注意！

近年、巨額の不動産詐欺に関する事件が報道されました。不動産詐欺とは、不正な手段で取得した不動産を本来の持ち主に隠匿したまま譲渡、販売してしまうというものです。

不動産詐欺を行う人を「地面師」と呼びますが、近年は、印鑑証明書の偽造などにとどまらず、成り済ます人間、偽造の書類の印刷のみを行う人間等が組織的に犯行を行っています。この手口に、高齢者のみならず大企業までもが騙されてしまう事態が起こっているのです。

ですから、「登記事項証明書の確認」はとても大切。先の、「危ない登記」の記載確認は勿論のこと、「短期間で所有権移転を何度も行っている」「所有者が何度も不自然に住所を変えている」なども、気を付けて確認してください。

6. 乙区

1 乙区には何が記載されているのか？

甲区・乙区は、その不動産の具体的な**権利関係**を表すものですが、「乙区」には、所有権以外に関する登記として「**担保権**」と「**利用権**」に関する登記が記載されています。

担保権は、不動産の所有者が「誰からどのくらいの金額の融資を受けているのか」が具体的にわかりますので、乙区を読み解くことで、所有者の経済状況なども含め理解することが可能です。私たちが普段目にする担保権の代表格が、「**抵当権**」と「**根抵当権**」であり、その他に、「質権」「先取特権」というものがあります。

利用権とは、誰に、どのようにその不動産を利用させているのかが記載されています。利用権の登記として、「**賃借権**」「**地上権**」「**地役権**」、そして、あまり耳慣れないかもしれませんが「**永小作権**」、「**採石権**」があります。所有権や担保権と比べ、「利用権」は、そもそも登記されるケースも多くはありません。ちなみに、上記のうち、賃借権のみが「債権」であり、「地上権」「地役権」「永小作権」「採石権」は「物権」です。賃借権は賃借人が賃貸人に対して、利用させるよう請求することができるに止まりますが、他の物件は登記をせよと請求したり、自由に権利を譲渡したりすることもできるのです。

記載（**図表2－6－1**）を確認してみましょう。

順位番号１番で「**抵当権設定**」がされていることがわかります。「権利者その他の事項」欄より、甲山太郎が、乙川信用金庫から「債権額1,000万円、利息年3.5％、損害金年14.5％で借入れをしたことがわかります。さらに、順位番号２番で「**１番抵当権抹消**」がなされ、「権利者その他の事項」欄より、この抵当権が、平成〇〇年〇月〇日に弁済され、抹消されたことがわかります。抹消された事項には、下線が引かれます。

順位番号３番で、今度は「**根抵当権設定**」がされていることがわかります。「権利者その他の事項」から、極度額金2,300万円であること、債権の範囲などが詳細にわかります。ちなみに、後日、この金2,300万円の極度額は金4,000万円まで増額され、「３番付記１号」で変更されています。

永小作権とは

小作料を支払って、他人の土地を耕したり、牧畜する権利をいいます。永小作権の存続期間は20年以上50年以内とされていますが、現在、ほとんどこの登記を目にすることはありません。

採石権とは

他人の土地で、岩石や砂利を採取する権利をいいますが、これもほとんど見かけることのない登記です。

図表2-6-1　乙区の記載例

権　利　部　（　乙　区　）（所有権以外の権利に関する事項）			
順位番号	登記の目的	受付年月日・受付番号	権利者その他の事項
1	抵当権設定	平成○年○月○日 第○号	原　因　平成○年○月○日金銭消費 貸借同日設定 債権額　金1,000万円 利　息　年3.5% 損害金　年14.5% 債務者　○○市△△一丁目１番２号 甲山　太郎 抵当権者　○○市□□三丁目４番５号 乙川信用金庫 共同担保目録　(か)　第○○号
2	１番抵当権抹消	平成○年○月○日 第○号	原　因　平成○○年○月○日弁済
3	根抵当権設定	平成○○年２月３日	原　因　平成○○年○月○日設定 極度額　金2,300万円 債権の範囲　金銭消費貸借取引　手形 債権　小切手債権 債務者　○○市△△一丁目１番２号 甲山　太郎 根抵当権者　○○市△△三丁目６番７号 丙本商事株式会社 共同担保目録　(お)　第○○号
付記１号	３番根抵当権変更	平成○○年○月○日 第○号	原　因　平成○○年○月○日変更 極度額　金4,000万円

共　同　担　保　目　録			
記号及び番号	(お)　第○○号	調整	平成○年○月○日
番号	担保の目的である権利の表示	順位番号	予備
1	○○市△△一丁目　１番２の土地	3	余白
2	○○市△△一丁目　１番２ 家屋番号１番２の建物	4	余白

最終行に「**共同担保目録（お）第○○号**」と記載されています。

「共同担保目録」は、この不動産以外にも、抵当権や根抵当権が設定されている不動産があることを示しています。その下に、「共同担保目録」欄があり、根抵当権の目的である不動産が記載されています。共同担保目録は、法務局が勝手に付けてくれるものではなく、登記事項証明請求時に「共同担保目録付き」と請求しなければならないことにご注意ください。実務の現場では、担保されている不動産を見落とさないように、共同担保目録を取得することが必須です。

共同担保目録に救われる??

不動産売買の現場で、たまに、売買契約書にも記載されていない物件が問題となることがあります。不動産所有者さえも自分が持っていることを意識していない「マンションの敷地の持分」「集会所の持分」などです。この物件を見落としてしまうと、不動産購入者に移転できないこととなったり、担保物件漏れとなったり大問題に。こんな時、登記事項証明書を「共同担保目録付き」で取得しておくことにより、物件を見落とすことを防ぐことが可能です。私も、共同担保目録に何度か救われております。

2 抵当権設定登記

抵当権とは、抵当権者（債権者）が、不動産の所有者または第三者（抵当権設定者または担保提供者といいます）が債務の担保として提供した不動産をそのまま使用させながら、被担保債権が弁済されないときに、その不動産を競売にかけ、競売代金から優先的に弁済を受ける権利です。

個人から金銭を借りたときはもとより、金融機関で住宅ローンの融資を受けて不動産を購入する際も、ほぼ、この抵当権設定登記が行われます。金融機関が債権者、不動産の所有者が抵当権設定者となります。

図表2-6-2 抵当権設定の記載例

権　利　部　（　乙　区　）（所有権以外の権利に関する事項）			
順位番号	登記の目的	受付年月日・受付番号	権利者その他の事項
1	抵当権設定	令和２年６月６日 第○号	原　因　令和２年６月６日金銭消費貸借 　　　　同日設定 債権額　金 2,000 万円 利　息　年 2.5％ 損害金　年 14.5％（年 365 日日割計算） 債務者　○○市△△一丁目１番２号 　甲山　太郎 抵当権者　○○市□□三丁目４番５号 　乙川信用金庫 共同担保目録　（な）第○○○号

①「権利者その他の事項」に情報が溢れている

「債務者である甲山太郎が、乙川信用金庫から令和２年６月６日金銭を借り入れ、債権額2,000万円の抵当権が設定された」と読み取ることができます。金銭消費貸借契約の中に、利息、損害金などの決め事があれば、それも登記します。万が一、甲山太郎の借入金の返済が滞ると、乙川信用金庫はこの不動産を競売にかけ、競売代金から優先して弁済を受けることが可能です。

②保証委託契約？

抵当権設定登記の記載では、抵当権者が「株式会社○○保証」となっているものも多くみられます。サラリーマンが住宅ローンを借りる際、保証人を立てられないために、保証料を支払って保証会社に保証してもらうことが頻繁にあります。この契約を「**保証委託契約**」と呼び、保証会社の多くは、金融機関の子会社や関連会社です。借主の返済が滞ったとき、保証会社が金融機関に立て替えて支払いますが、その後、借主に対して立て替え金を請求します。これを**求償**といいます。保証会社は債務者に対して有するこの「求償債権」を担保するために、抵当権を設定するのです。

保証会社が抵当権者である場合、登記原因は「○年○月○日**保証委託契約に基づく求償債権**　○年○月○日設定」と記載されています。

③複数の不動産に抵当権が設定されている場合、先に述べたように、「共同担保目録」に注目して取得します。

④抵当権設定登記に「付記１号」

抵当権を設定した後、不動産の所有者である抵当権設定者の住所が変わる、債権の一部を返済するなど、抵当権の内容に変化が生じることがあります。その場合は、「順位番号」欄に「**付記１号**」、「登記の目的」は「１番抵当権変更」、「権利者その他の事項」欄に、債務者の住所変更などが具体的に登記されます。付記登記は主登記と一体となります。

最近、事例として圧倒的に多いのが、債務者に相続が生じること。債務者が変わることは抵当権者にとっても重要な変更となりますので、抵当権者である金融機関がすぐさま登記を求めるケースが多いです。この場合も、「登記の目的」欄に「**○番抵当権変更**」と記載され、「権利者その他の事項」欄に、「**原因○年○月○日相続**」として、新しい債務者が記載されます。

❸ 根抵当権設定登記

抵当権は特定の債権を担保するために設定しますが、根抵当権は、**継続的に発生する債権**を担保する場合に、**一定の金額の範囲**（極度額といいます）を定めて設定します。極度額は、一定の「**枠**」のイメージです。

抵当権は、特定の債権、代表的なものは住宅ローンを借り入れるとき等に設定され、弁済されると消滅する運命です。

それに比べて、根抵当権とは、主として**事業用資金**の借入れのために設定されるケースが多いもの。事業用資金は借りたり返済したりを繰り返す性質であり、その度に、登記を付けたり消したりするのは、債務者にとっても負担が大きくなります。そこで、一定の債権の範囲内で、一定の金額までの債権を担保するために生まれたのが、根抵当権です。

図表2-6-3　根抵当権設定の記載例

権　利　部　（　乙　区　）（所有権以外の権利に関する事項）			
順位番号	登記の目的	受付年月日・受付番号	権利者その他の事項
1	根抵当権設定	令和○○年○月○日 第○号	原　因　令和○○年○月○日設定 極度額　金2,000万円 債権の範囲　証書貸付取引 債務者　○○市△△一丁目1番2号 　甲山　太郎 抵当権者　○○市□□三丁目4番5号 　乙川信用金庫 共同担保目録　(か) 第○○○号

①権利者とその他の事項欄に注目

「登記の目的」欄は、「**根抵当権設定**」と記載されます。そして、「権利者とその他の事項」を見ると、具体的な根抵当権の内容がわかります。「債務者甲山太郎は、根抵当権者である乙川信用金庫との間に、2,000万円を極度額として、証書貸付取引を行い、その担保のためにこの不動産に根抵当権が設定されている」ということです。

②根抵当権の特殊な記載

抵当権は特定の債権を担保しますが、根抵当権は一定の範囲に生まれては生じる債権を担保します。ゆえに、「**債権の範囲**」が記載されます。たとえば、取引先に対する売買代金債権を担保するなら「売買取引」と、銀行との取引債権を担保するなら「銀行取引」、その他、「手形債権」「小切手債権」等と記載されます。

根抵当権の性質として、将来に生まれる債権も含め、流動的な債権を担保するため、抵当権のように、「○年○月○日金銭消費貸借」のような債権を特定するための記載はありません。

4 賃借権設定登記

賃借権とは、賃貸人がある物を賃借人に使用収益させ、これに対して賃借人がその対価を支払う約束をする契約をいいます。賃貸物が不動産であれば、これを登記することにより第三者に権利を主張（対抗）することができます。ただし、先に述べたように賃借権は債権であるので、賃貸借契約をしたからと言って当然登記ができるものではなく、賃貸人と賃借人との合意が必要です。

なお、土地の賃借権は、賃借権者がその土地の上に登記されている建物を所有するときは、賃借権の登記が無い場合でも、第三者に対抗できます。

建物の賃貸借についても、引き渡しを受けることによって、賃借権の登記がなくても第三者に対抗することができます。

「登記の目的」欄は、「賃借権設定」です。「権利者その他の事項」欄に、賃借権の内容として、「**賃料**」「**支払時期**」「**存続期間**」「**敷金**」「**譲渡、転貸ができる旨の特約**」、「**賃借人**」が記載されます。

図表2-6-4 賃借権設定登記の記載例

権　利　部　（　乙　区　）（所有権以外の権利に関する事項）			
順位番号	登記の目的	受付年月日・受付番号	権利者その他の事項
1	賃借権設定	令和○○年○月○日 第○号	原　因　令和○○年○月○日設定 賃　料　1月10万円 支払時期　毎月末日 存続期間　10年 特　約　譲渡、転貸ができる 賃借権者　○○市▽▽二丁目3番6号 　乙川　花子

法は、貸主と借主のどっちの味方？

①賃借権と借地借家法

建物所有を目的とする土地の賃借権と、建物の賃借権は**借地借家法**の適用を受けることとなります。借地借家法の目的は、不動産の借主を保護することにあるので、**強行規定**が多数あり、この規定に反して締結された賃貸借契約は登記することができません。現実の賃貸借契約では、貸主が借主より立場が強いことから、借主との平等を守るためであるといわれています。

②短期賃借権とは

以前は、抵当権が設定された不動産において、抵当権が登記された後に賃借権が設定された場合であっても、その賃借権が短期賃借権であるならば、その賃借権は抵当権に対抗できるという制度がありました。

しかし、この短期賃貸借保護制度は、占有屋などに利用され立退料を要求されるなど、競売の執行妨害に濫用されるという弊害を引き起こしました。そこで、2003（平成15）年８月１日に公布された「担保物権及び民事執行制度の改善のための民法等の一部を改正する法律」により、2004（平成16）年３月31日以降、短期賃貸借保護制度は廃止され、その代わりに建物明渡猶予制度が創設されました。

5 地上権設定登記

地上権とは、建物などの工作物や竹木（樹木や竹）を所有するために、他人の土地を使用する権利のことです。賃借権と違い、地上権は物権ですから、地上権者は土地の所有者に、地上権の登記をするよう請求することができます。

図表2-6-5 地上権設定登記の記載例

権利部（乙区）（所有権以外の権利に関する事項）			
順位番号	登記の目的	受付年月日・受付番号	権利者その他の事項
1	地上権設定	令和○○年○月○日 第○号	原　因　令和○○年○月○日設定 目　的　建物所有 存続期間　60年 地　代　1平方メートル1年3万円 支払時期　毎年○月○日 地上権者　○○市△△一丁目1番2号 甲山　太郎

①記載事項

「登記の目的」欄は、「地上権設定」と記載されます。「権利者その他の事項」欄には地上権の内容が、「**目的**」「**存続期間**」「**地代**」「**支払時期**」「**地上権者**」等と詳細に記載されます。

借地権は、ややこしいのでまとめました

借地権って？

さて、建物を所有する目的で土地を借りる権利を「借地権」と呼ぶこともありますね。では、借地権と賃借権、地上権はどう違うのでしょうか？

借地権は、建物の所有を目的とする賃借権と地上権をまとめて総称したもので、借地借家法に定義されています。借地借家法では、地上権に比べて弱い権利である賃借権に、一定の強い力を与えていると先に述べました。

一般的に「**借地権**」とは「**賃借権**」を指し、実際に実務で扱われているのもほとんどが賃借権です。賃借権・地上権ともに借地権のひとつですが、地上権は物権であるため、登記の義務があること、賃借料の定めがないこと、自由に譲渡が可能で地主の承諾は不要なことなどの特徴があります。

賃借権と地上権の違いは、以下のとおりです。

図表2-6-6 賃借権と地上権の相違点

	賃借権	地上権
権利	債権（人に対する権利）	物権（物に対する権利）
登記	通常はされない	地主に登記義務があるため、登記される
譲渡	地主の承諾が必要	地主の承諾は不要
地代	かかる	かかる場合が多い
借地借家法	適用あり	適用あり

②区分地上権とは

土地の利用方法は、土地の上に建物を建てるだけではなく、「地下や地上の空間を部分的に利用する」というニーズが広まりました。たとえば、地上に高圧電線を通す、地下に、地下鉄を走らせる必要がある場合などです。このように、「地下または空中の一定範囲を区分して地上権を設定する」地上権を**区分地上権**といいます。この登記をすることにより、電力会社や鉄道事業者は、土地の所有者の承諾なく、工事を行うことができます。

ただし、土地を所有しているわけではありませんので、原則として土地所有者に対し地代を支払うのが一般的です。

図表2-6-7　区分地上権設定登記の記載例

権　利　部　（　乙　区　）（所有権以外の権利に関する事項）			
順位番号	登記の目的	受付年月日・受付番号	権利者その他の事項
2	地上権設定	平成○○年○月○日 第○号	原　因　平成○○年○月○日設定 目　的　地下鉄道の敷設 範　囲　東京湾平均海面の下 30 メートルから下 100 メートルまでの間 存続期間　80 年 地　代　1 平方メートル 1 年 100 円 支払時期　毎年○月○日 地上権者　○○○○

③区分地上権登記の記載の特徴

区分地上権においては、「権利者その他の事項」欄に、絶対に記載しなければならない事項があります。

「**目的**」「高架鉄道施設の保持」などと記載されます。

「**範囲**」「東京湾平均海面の上150メートルから平均海面の上100メートルの間」、「土地の東南隅の地点を含む水平面を基準として下○メートルから上○メートルの間」のように記載されます。

その他に、「地代」、「支払期」等は任意的な記載事項です。また、土地所有者の使用を制限する定めをしたときは特約として登記事項になります。具体的には「高架鉄道の運行の障害となる工作物を設置してはならない」等です。

6 地役権設定登記

地役権とは、自分の土地（要役地）の便益を高める目的で、他人の土地（承役地）を利用する権利のことをいいます。地役権は、基本的に設定契約によって成立するので、要役地の所有者と承役地の所有者との間で地役権設定契約を締結することになります。

要役地とは地役権者の土地で他人の土地から便益を受けるものであり、**承役地**とは地役権者以外の者の土地であって要役地の便益のために提供されるものです。

要役地所有者の権利の行使は、できる限り承役地の利用の制限を少なくして範囲を設定しなければならないという原則があります。地役権は、原則として登記をしないと第三者に主張（対抗）することができません。

図表2-6-8　地役権設定登記の記載例

〔承役地〕

権　利　部　（　乙　区　）（所有権以外の権利に関する事項）			
順位番号	登記の目的	受付年月日・受付番号	権利者その他の事項
1	地役権設定	令和２年４月10日 第○○号	目　的　通行 原　因　令和２年４月10日設定 範　囲　東側20㎡ 要役地　○○市△△一丁目10番地1 地役権図面　第10号

〔要役地〕

権　利　部　（　乙　区　）（所有権以外の権利に関する事項）			
順位番号	登記の目的	年月日・受付番号	権利者その他の事項
1	要役地地役権	令和２年４月10日 第○○号	承役地　○○市○一丁目２番５号 目　的　通行 範　囲　東側20㎡ 令和２年４月10日登記

①代表的な、通行地役権の事例です。

土地の所有者である甲さんが、道路に出るために他人である乙さんの土地の一部を通るための権利です。

図表2-6-9　通行地役権の事例

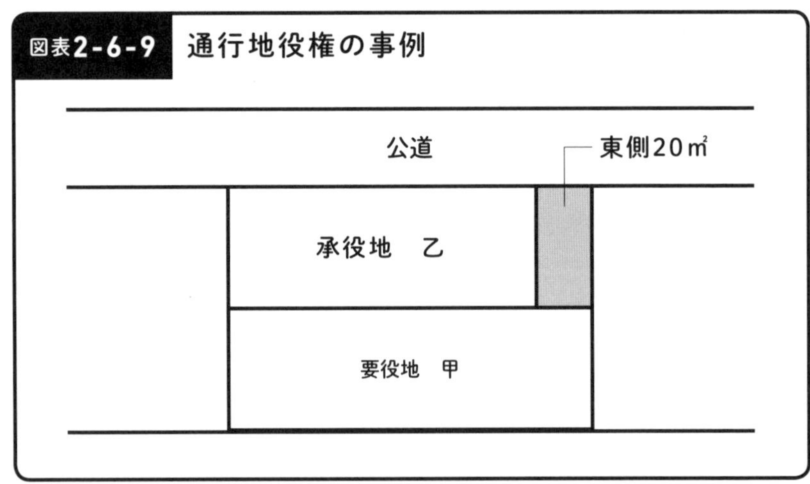

地役権は上記のほか、日照、用水、観望などを目的として設定されます。

②「登記の目的」欄は、「地役権設定」。

「権利者その他の事項」欄には、「目的」として、何の目的のために地役権を設定するのか、「範囲」として、承役地のどの部分を使用するのかが記載されます。

③地役権は、地役権者の土地（要役地）と地役権を設定される物の土地（承役地）の**両方に**登記されます。土地の一部に地役権が設定されている場合には、その範囲を特定するために「**地役権図面**」が提出され、その番号が記載されています。

第3章

商業登記事項証明書の読み方

不動産登記事項証明書に所有者として記載されるのは、個人とは限りません。法人も不動産を購入し、登記名義人となることが可能です。会社経営者であれば、自分の会社の登記を申請しますから登記事項証明書の内容をおおよそ理解していると思われますが、一般の方ですとほとんど関わることのない書面です。会社設立や口座の開設、さらには法人が金融機関から融資を受ける際にも、商業登記事項証明書を提出する必要があり、商業登記事項証明書は、会社情報の宝庫ともいえます。不動産登記事項証明書を取得したときに、法人名が出てきて慌てることのないよう、商業登記事項証明書の記載を知っておきましょう。

1 商業登記事項証明書の種別

商業登記事項証明書は、まず、以下の２種類に分類されます。

- **全部事項証明書**　すべての登記区分が記載されています。
- **一部事項証明書**　全部事項証明書の中から必要な区を選択して抜き出したもの

さらに、全部事項証明書、一部事項証明書ともに以下の３種類に分かれています。

- **履歴事項証明書**　現在の登記内容と、過去約３年分に登記された（変更された）内容が記載された、最も情報量が多い証明書
- **現在事項証明書**　現在効力がある登記の内容
- **閉鎖事項証明書**　３年以上前の情報（履歴事項証明書に載っていないもの）や、何らかの理由（本店移転・倒産）などで既に閉鎖された登記の情報

図表3-1

履歴事項全部証明書

東京都××区一丁目○番○号
株式会社□□□
会社法人番号　0199－01－345678★[1]

商号★[2]	株式会社□□□	
本店★[3]	東京都××区一丁目○番○号	
公告をする方法	官報に掲載する方法により行う	
会社成立の年月日	昭和○年○月○日★[4]	
目的★[5]	1． 2． 3． 4．前各号に附帯する一切の業務	
発行可能株式総数	○○万○○○○株	
発行済株式の総数並びに種類及び数	○万○○○○株	
資本金の額★[6]	金○○○万円	
株式の譲渡制限に関する規定	当会社の株式を譲渡により取得するには、株主総会の承認を受けなければならない。	
役員に関する事項★[7]	取締役　山田　一郎	令和○年○月○日重任 令和○年○月○日登記
	取締役　山田　一郎	令和○年○月○日重任 令和○年○月○日登記
	取締役　佐藤　次郎	令和○年○月○日重任 令和○年○月○日登記
	取締役　佐藤　次郎	令和○年○月○日重任 令和○年○月○日登記
	東京都△△区☆☆二丁目○番○号 代表取締役　山田　一郎	令和○年○月○日重任 令和○年○月○日登記
	東京都△△区☆☆二丁目○番○号 代表取締役　山田　一郎	令和○年○月○日重任 令和○年○月○日登記
登記記録に関する事項★[8]	平成元年法務省令第15号附則第3項の規定により平成○年○月○日移記	

❷ 商業登記事項証明書の情報

不動産登記事項証明書の中に法人名を見つけ、その法人の概略を知りたい場合は、**商業登記事項証明書**を取得します。最大限の情報を効率良く得るためには、「**履歴事項全部証明書**」を取得するのが得策です。商業登記事項証明書は、法人の本店所在地に限らず、商業・法人登記情報交換システムにより全国どこの法務局でも取得することが可能です。

最も重要な記載事項は、「役員に関する事項」と「目的」ですが、以下、順にお話しします。（前掲　**図表3－1**参照）

【会社法人番号】★[1]

12ケタの番号で表記され、法務局が商業登記、法人登記の登記記録1件ごとに付す、会社、法人などの識別番号です。

【商号】★[2]

会社の名称です。以前は、数字やローマ字を会社名に入れることができませんでしたが、現在は、かなり自由度が高くなりました。ただし、すべてを英語表記にすることは、できません。

【本店】★[3]

会社の本店です。特に理由もなく何度も本店移転を繰り返している場合、休眠会社を買い取った、あるいは、詐欺行為を目的としている可能性もあります。最近は、インキュベーションオフィスの一角にも本店を置くことが可能ですから、大きな取引相手であれば、本店の現地を実際に確認することも必要になります。

【会社成立の年月日】★4

登記を終えたばかりの企業との取引は慎重に行う必要もあります。また、最近はM&Aで老舗企業を買い取ることもありますから、設立年月日が古いというだけでは、会社の全容がわからないこともあります。

【目的】★5

その会社が、「**何をなすことを目的としているか**」が記載されています。また、この事項は許認可取得にも関連することが多い情報。たとえば、リサイクルショップを営むのであれば、この目的の中に「古物商」の記載が必要です。目的に掲げられている事項があまりにも多すぎて、「何が本業なのかわからない」企業には注意が必要です。

【資本金の額】★6

以前は、株式会社では最低1,000万円の資本金が必要とされていましたが、現在では1円の資本金で設立することが可能です。ゆえに、資本金の額＝会社の信用という計算も成り立ちにくくなりました。

【役員に関する事項】★7

最も大切な記載事項であり、「**誰に契約権限があるのか**」がわかります。役員欄に同じ姓が並んでいるとオーナー企業である、経営陣が一新されているなら買収された側の企業である可能性が高いなどと読み取ることができます。

ちなみに、株式会社は2006（平成18）年5月1日までは、法律で2年に一度取締役を選任することとなっていましたが、現在では最長で10年の任期を定めることが可能です。しかし、10年以上役員欄が変わっていない場合は、会社が、役員変更登記そのものを失念している可能性もあります。

【登記記録に関する事項】★8

「平成元年法務省令第15号附則第３項の規定により平成○年○月○日移記」

法務局によりコンピュータ化された時期が違うため、その日付が記載されています。

ここで一言

以前は、会社の代表者には国内に住所を有する者が最低１名必要でした。急速なグローバル化に伴い、2015（平成27）年３月16日以降は、国外居住者のみで会社が設立できることになりました。

役員欄のすべてが国外居住者ということもありえます。

ここで一言

2014（平成26）年度以降、最初の登記から12年を経過している株式会社や最後の登記から５年を経過している一般社団法人、一般財団法人は休眠会社として「整理作業」の対象となっています。手続を忘れてうっかり解散登記がされていることもあり得るのです。

情報収集のみならインターネット

「履歴事項証明書とインターネット登記情報」

不動産登記と同様、会社の登記情報を得るためには、法務局より履歴事項証明書を取得する方法と、インターネットで登記情報を取得する方法があります。

履歴事項全部証明書とインターネット登記情報の記載事項は、全く同じですが、「**証明力**」に違いがあるので注意が必要です。

履歴事項証明書や現在事項全部証明書は、会社・法人に関する登記事項についての公的な証明書として、金融機関の口座開設時や許認可申請等、各種の手続に利用されています。これに対し、インターネット登記情報には、記載されている内容が履歴事項証明書等と同じであっても、**法的な証明力がありません**。インターネット登記情報には、法務局の証明印がなく、PDF ファイルの様式であるため、改竄（かいざん）される可能性があるからと考えられているのです。

したがって、証明力を持つ登記事項証明書の提出が求められる手続には使用できません。ただし、履歴事項証明書と記載内容が同一であり、手数料が安く、手軽に取得できるため、会社の情報を確認するためには活用したいシステムです。

登記済証と登記識別情報

大人の皆さんは、権利証（登記済証）といえば、和紙の立派な表紙に筆文字で「権利証」と書かれた重厚な書面を想像されると思います。

2005（平成17）年３月７日から、不動産登記法が改正され、登記申請をインターネットで行うオンライン化が始まりました。過渡期を経て、現在すべての法務局がオンライン庁です。オンライン指定の管轄区域では、それまでの紙の権利証（登記済証）の交付が廃止され、新たに「**登記識別情報**」（後掲　**図表４－３**）が交付されるようになりました。導入が順次であったので、管轄法務局により移行日も異なります。

たとえば、東京都港区の法務局では2006（平成18）年３月13日に登記識別情報に変わりました。その日までに不動産を購入したり、抵当権を設定した者に対しては「**登記済証**」（**図表４－２**）が交付され、その日以降は、登記識別情報が交付されています。登記済証は導入日以降も依然として有効です（**図表４－１**）。

登記済証は、その登記を担当した司法書士作成の申請書や売渡証書に上記印（登記申請受付日、受付番号、管轄法務局）が押されたもので、一般的に「権利証」と呼ばれています。

登記識別情報は「登記名義人が登記を申請する場合において、当該登記名義人自らが当該登記を申請していることを確認するために用いられる符合その他の情報であって、登記名義人を識別することができるものをいう」（不動産登記法２条14号）とされ、12ケタのアラビア数字その他の符合の組み合わせにより成り立ちます。

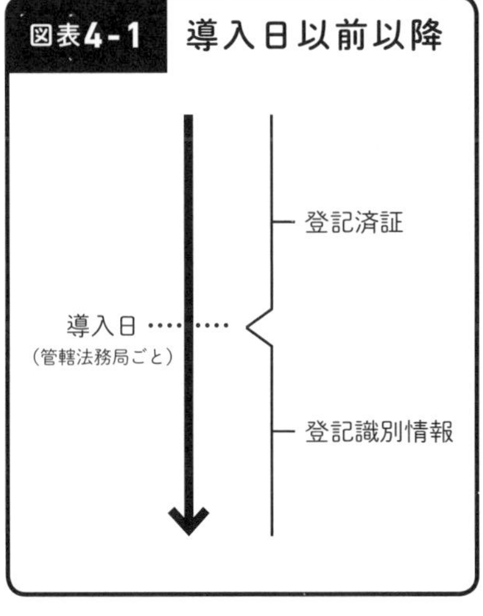

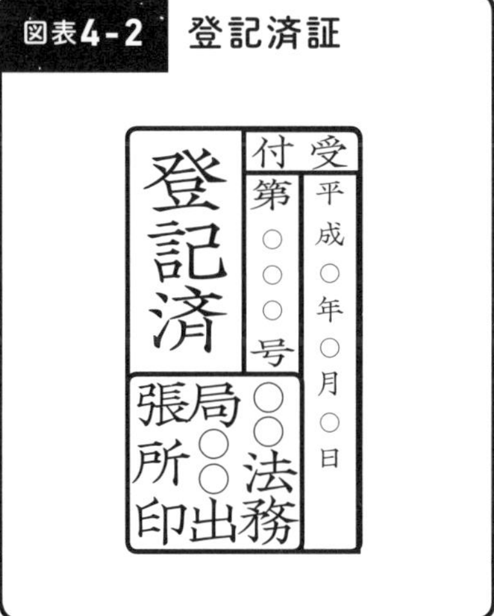

登記識別情報または登記済証自体が不動産の権利を表しているのではなく、登記の申請人が登記名義人であることを確認するための確認手段の一つです。ですから、登記識別情報通知の書面ではなく、12ケタの情報そのものが大切であり、登記識別情報交付の際は、この番号に目隠しシールが貼られていたり、折り込んだ紙で隠されていたりします（**図表4－3**）。

売買や贈与などの所有権移転登記を申請する場合、所有者である登記名義人の登記識別情報または登記済証を提供（添付）する必要があります。登記によって不利益を受ける現在の登記名義人が、自身が名義人となった際に交付された登記識別情報や登記済証を添付することで、登記名義人**本人からの申請**であることを確認するためです。

登記識別情報や登記済証は、原則、**再発行されません**。したがって、これらを紛失した等の理由で提供できない場合は、以下の方法を代わりに選択する必要があります。

❶事前通知

登記識別情報・登記済証を添付すべき登記において、それらを添付しないで登記申請した場合、法務局から登記名義人に対し登記申請に関する問合せの通知が発送されます。これを「**事前通知**」と呼び、個人である登記名義人の場合は「本人限定受取郵便」で送付されます。この通知到着後２週間以内に、登記名義人が実印を押印して登記申請内容が間違いないことを申し出ることにより、本人からの申請であると確認されます。

❷資格者代理人による本人確認

司法書士、弁護士等登記申請の代理権限を与えられた資格者代理人が、「登記義務者本人からの申請に間違いないこと」を、登記義務者と面談し、運転免許証やパスポート等の公的身分証明書を用いて確認します。その上で「**本人確認情報**」という書面にまとめ法務局に提出しますが、この書面を提供することで事前通知を省略できます。資格者代理人は、特別に重い責任を負いますので、登記費用も高くなるのが通例です。

❸公証人による認証

登記名義人が所有者本人であることを公証人が確認し、登記義務者であることを確認するために必要な認証を行ってもらう方法です。

なお、不動産登記法改正前に存在した、保証人２名による保証は現在行われておりません。

いずれにしても、紛失してしまうと余分な費用と時間がかかりますから、登記済証や登記識別情報の保管には、十分お気を付けください。

図表4-3

登記識別情報通知

次の登記の登記識別情報について、下記のとおり通知します。

【不動産】
○○市○○町○○字△△△840番地の土地

【不動産番号】
××××××××××××××
【受付年月日・受付番号(又は順位番号)】
令和○年○月○○日受付　第1085号
【登記の目的】
所有権移転
【登記名義人】
○○市○○区○○○二丁目6番32号
甲山太郎
(以下余白)

＊下線のあるものは抹消事項であることを示す。
令和○年○月○○日
○○地方法務局○○支局
登記官
法　務　一　良　印

登記識別情報はこの中に記載しています。開封方法は裏面をご覧ください。

折り返し線　ここを折り曲げてから切り取って開いてください

注　下辺のミシン目から切断すると、例えば次のような記載あり

○P○-DKJ-○CE-○○G　QRコード

登録免許税と住宅用家屋証明書

1. 登録免許税

❶ 定率と定額

登記を申請する際には、**登録免許税**を納める必要があります。登録免許税は、登記等を受ける者に課せられる国税です。

登録免許税には、売買や相続等を原因として登記する際の**定率方式**により算出するものと、担保権の抹消や登記名義人の住所変更のように、**定額方式**のものがあります。

定率方式で計算する場合は、登録免許税計算の際、土地や建物の価額計算と算定の根拠となる固定資産評価証明書が必要です。登記申請する年度（４月１日から翌年３月31日まで）の最新の固定資産評価証明書を取得しましょう。

①公用道路などの非課税の不動産についても、原則は登録免許税を納める必要があり、固定資産評価証明書の取得も必要です。

②マンションの底地などは、市区町村により共有持分を乗じている場合、持分を添え書きしている場合など、記載が異なるケースがあります。

③隣地の評価証明を取得して計算が必要な場合などもあり、必ず、市区町村役場や都税事務所、法務局などに確認を取るようにしましょう。

2 定率の登録免許税の計算

定率課税は、基本の価額に一定の税率を乗じて計算します。税率は、登記の種類により異なります。

課税標準に税率を掛けた金額が1,000円未満であった場合は、その登録免許税は1,000円になります。登録免許税の最低金額は、非課税である場合を除き、1,000円であるということです。

図表5-1 事例　土地の売買（租税特別措置法は考慮せず）

課税価格	固定資産評価証明書に記載された価額の1,000円未満の金額を切り捨てる。
登録免許税	算出した税額の100円未満の金額を切り捨てる。

【土地売買による所有権移転登記をする場合の登録免許税】

課税価格×２％（1,000分の20）＝登録免許税

例えば、評価額1,000万円の土地を購入した場合の登録免許税は、

1,000万円×２％＝20万円

となります。

【土地の持分を売買による所有権移転登記をする場合の登録免許税】

不動産全体の固定資産の価額に移転する持分割合を乗じて計算し、その金額の1,000円未満の端数を切り捨てた額が課税価格となります。

（課税価格×持分割合）×２％（1,000分の20）＝登録免許税

●土地の所有権移転登記

	課税標準	税　率	
売　買	不動産の価額	1,000 分の 20	注）
相続・共有物分割	〃	1,000 分の 4	
その他（贈与、交換、競売など）	〃	1,000 分の 20	

注）2021（令和３）年３月31日まで登記を受ける場合　1,000分の15

●建物の登記

	課税標準	税　率
所有権保存	不動産の価額	1,000 分の 4
売買又は競売	〃	1,000 分の 20
相続	〃	1,000 分の 4

3 定額の税率

不動産１個につき1,000円のように、不動産の個数に応じて登録免許税を計算します。土地１筆建物１個であれば2,000円となります。このような税率の登記には、抵当権抹消、所有権登記名義人の住所・氏名の変更（更正）などがあります。

図表5-2　定率と定額

登録免許税の計算	定率課税	定額課税
登記の種類	売買・贈与・相続・財産分与 所有権保存、抵当権設定等	抵当権抹消 所有権登記名義人住所・ 氏名変更（更正）等

2. 住宅用家屋証明書

住宅用の家屋を購入したり、新築したりするときに、ある要件が整うと登録免許税の軽減を受けることができます。

この「一定の要件を満たしている」ことを証明するものが「**住宅用家屋証明書**」（後掲　**図表5-4**）であり、市区町村役場で取得します。

以下の要件を満たす「建物」は、所有権保存、所有権移転、抵当権設定登記の登録免許税が軽減されます。

①登記事項証明書の種類が「居宅」
②登記事項証明書の床面積が50㎡以上
③自己の居住用
④木造および軽量鉄骨造は築20年以内、鉄筋造・鉄筋コンクリート造等の耐火建物は築25年以内または新耐震基準を満たしていることを証明した建物
⑤新築の場合は新築後１年以内、建築後未使用の住宅または建築後使用されたことのある場合は取得後１年以内に登記していること。

必要書類および申請料は、1,000円から1,300円と自治体により異なりますので、必ず事前にご確認ください。

マイホーム取得時は、少しでも税金の軽減があると嬉しいもの、うまくご活用ください。

❶ 住宅用家屋証明書取得に必要な主な書類

①住民票

②売買契約書→購入物件の確認のため

③登記事項証明書→物件が要件に該当することの確認のため

④建築確認済証または検査済証→新築で未使用のとき

そのほか、長期優良住宅の場合は、長期優良住宅認定申請書副本と認定通知書の原本が必要とされたり、登記の内容（保存、移転など）によっても書類が異なりますので、自治体のホームページなどでもご確認されると良いでしょう。

また、取得した住宅用家屋証明書は、確定申告や不動産取得税の手続でも必要となりますので、紛失しないようにご注意ください。コピーもとっておかれると安心です。

補足メモ　入居が登記後になる場合には、必要書類が増えるので注意!!

①申立書→原則、取得後２週間以内に住所を購入物件に移すという念書

②現在家屋の処分を示す書類→現住所の家屋を今後手放すという証明のため（売買契約書、媒介契約書、賃貸借契約書等）

注）その他手数料がかかりますが、取得する場合は、事前に役所に確認しておきましょう。

2 軽減後の税率

図表5-3

登記内容	課税標準額	本則	軽減後
所有権保存	不動産評価額	1,000 分の 4	1,000 分の 1.5
所有権移転	不動産評価額	1,000 分の 20	1,000 分の 3
抵当権設定	債権額	1,000 分の 4	1,000 分の 1

注）長期優良住宅は、1,000 分の 1 に軽減される

図表5-4

住 宅 用 家 屋 証 明 書

租税特別措置法施行令第41条

特定認定長期優良住宅又は認定低炭素住宅以外
(a) 新築されたもの
(b) 建築後使用されたことのないもの
(令和　　年　　月　　日取得)

特定認定長期優良住宅
(a) 新築されたもの
(b) 建築後使用されたことのないもの
(令和　　年　　月　　日取得)

認定低炭素住宅以外
(a) 新築されたもの
(b) 建築後使用されたことのないもの
(令和　　年　　月　　日取得)

の規定に基づき、下記の家屋がこの規定に該当するものである旨を証明します。

建築主又は取得者(申請者)の住所及び氏名	
家屋の所在地	○○市１丁目２番３号

令和　　年　　月　　日
第　　　　　　　号

○○市長　△△△△

実例・住宅ローンを組んで不動産を買った場合、どんな登記をする？

グランサクシードグループは、金融機関からの住宅ローン設定登記依頼を多数承っています。私自身も、開業時から不動産の取引の場に、数千回立ち会わせていただいてきました。

では、実際に住宅ローンを組んで不動産を購入した場合、どのような登記がなされるのでしょうか？

1. まずは、登記事項証明書の確認が大切

前章までに、不動産に関するあらゆる情報が登記事項証明書に満載されている旨をお伝えしました。不動産を購入する場合、物件そのものの確認の他、登記事項証明書の確認も必須です。

1 土地について

〈確認ポイント1〉

建物の売買とも共通ですが、不動産取引をする場合、「**最新の登記事項証明書**」で権利内容を確認することが大切です。

事前に売主から登記事項証明書を預かったりすると「内容が変わっていないだろう」と安易に考えてしまいがちですが、不動産取引の直前に所有者が何度も変わっていた、危ない登記がなされていたなどのケースを、司法書士として何度も目にして来ました。

私どもは、事前調査に加え、不動産取引の前日、そして、登記申請を出す直前までも、登記事項証明書の内容を確認します。

〈確認ポイント２〉

建物の売買とも共通事項ですが、「甲区」に差押、仮差押、仮処分などのいわゆる「**危ない登記**」がないかどうかの確認は重要です。

このような登記がある場合、売主の経済状況がひっ迫しているケースが多いのです。ただし、このような登記があっても、事前に金銭を工面したり、売買代金をもって支払いに充てたりして、これらの登記を抹消することは可能です。

いずれにしても、仲介業者、売主と密なる連携が必要となるケースです。

〈確認ポイント３〉

土地を購入する場合、土地の登記事項証明書はもちろんのこと、公図、地積測量図も取得し、**書面と現地との食い違い**がないかどうかを確認することが最も重要です。

建物の底地が、売買契約書では１筆であったのに、調査してみると分筆され複数であることはままあります。

また、道路部分の確認も重要。私道がある場合、名義人だけを見ていては検索漏れしてしまいます。侵入する道路部分がない土地を購入してしまうと利用ができませんから、この調査も大切です。

一団の建売住宅地などでは、私道部分が非常に細かく分筆されていたり、開発業者の名義のままであったり、複数名の共有であったり、様々な事例があります。

〈確認ポイント４〉

購入土地が田や畑などの農地である場合、**農地法**により都道府県知事または農業委員会の許可や届け出が必要となります。

現況が耕作を行っておらず雑種地のように見える場合でも、登記事項証明書の地目が農地であれば、許可等が必要となりますので、注意しましょう。許可が必要な場合、売買取引までにかなりの時間的猶予が必要です。

〈確認ポイント５〉

分筆を繰り返した場合等、登記事項証明書に記載された面積が現地とは齟齬があるケースがあります。

都心部ではわずかな面積が驚くような金額となることもありますので、本来は、売買契約書に記載された土地の面積が正しいかどうか測量が必要ではないかと思います。不動産購入時に、「土地の面積が小さすぎる」など気づかれたら、すぐ確認が必要です。

〈確認ポイント６〉

現在では、事例は少ないとは思いますが、**仮換地**を売買することとなった場合、購入する土地と不動産の登記事項証明書上に記載されている土地が違います。

換地組合にて購入する土地と換地前の土地の符号を確認し、トラブルに巻き込まれることのないようにしましょう。

〈確認ポイント７〉

乙区に、地役権や区分地上権等の**負担**があるかどうかを確認します。

抵当権などの担保権は所有者が変わる際に抹消されるべき性質のものですが、地役権や区分地上権は土地にそのまま残るケースがほとんどです。

たとえば、「通行地役権」や「温泉を引くため」「景観のため」「電線を引くため」の区分地上権も存在しますので、登記事項証明書は甲区も乙区も隅々まで確認してください。

〈確認ポイント8〉

マンションなどのいわゆる区分建物の場合、敷地が「敷地権」である場合と、敷地権化されず土地が共有となっている場合とがあります。

共有の土地である場合、権利証も区分建物とは**別に存在**することとなりますので注意しましょう。

以前私が登記をしたあるマンションは、土地が１棟の建物の区分所有者全員の共有となっており、登記済権利証が管理組合預かりとなっていました。不動産取引の度に、権利証を管理組合に預かりに行った記憶があります。

2 建物について

〈確認ポイント1〉

建物の売買の場合、そもそもその**表題登記**が行われていないケースすらあります。土地は課税台帳上で管理されていたため漏れているケースが少ないですが、建物は義務である表題登記が行われずとも、「未登記」でそのまま課税されていることがあります。

未登記のままで購入するのか（後日登記をしなければなりません）、売主に取引の日までに表題登記を行ってもらえるのか事前に確認をしましょう。

また、古い建物の表題登記が存在し、その後その建物を取り壊し建て替えたにもかかわらず、登記簿のみ古い建物分が残っているケースもあります。表題登記が現在の建物のものであるのかまで確認しなければなりません。

〈確認ポイント2〉

古くからある建物の場合、建物が増築されているにもかかわらず、表題登記が変更されていないことがあります。

増築は外観からわからないこともありますから、売主名義の評価証明書にて増築部分がないかどうかを確認しましょう。

〈確認ポイント3〉

マンションや大規模分譲地では、「集会所」「ゴミ置き場」などが、所有者の共有となっていることも多く、そのほとんどが、部屋の場所とは離れた場所にあるため、見落としてしまいがちです。金融機関の担保漏れが起こりやすいケースでもあります。

可能であれば、事前に売主の権利証を確認させてもらうなど、「専有部分の他に共有している建物がないかどうか」の確認が大切です。

2. 不動産取引の際に実際に申請する登記

不動産を購入する際、新築物件でない限りは、当然その物件には売主である現在の所有者が存在します。現在の所有者は、不動産を購入する際に同様に住宅ローンを組んでいる可能性が高く、住所も購入時から移転されているケースが多くあります。

一般的に住宅ローンを組んで中古物件を購入する場合、以下のような登記が必要となります。

①住所変更・氏名変更に関する登記（売主）
②抵当権（根抵当権）抹消に関する登記（売主）
③所有権移転登記（買主）
④所有権保存登記（買主）
⑤抵当権設定登記（買主）

1 住所変更・氏名変更に関する登記

不動産の登記名義人が引越をして住所が変わったり、結婚、離婚、養子縁組みなどによって姓が変わったりした場合は、登記事項証明書に記載された所有者の事項に変更が生じます。

所有権移転や抵当権設定の登記を申請するとき、所有者の登記事項証明書上の住所・氏名が現状と異なる場合は、まず、その表示を変更する登記を申請しなければなりません。

申請時にこの登記を忘れると、後の登記を受け付けてもらえませんので、新人司法書士のころは、この登記は見逃すことはあってはならない肝心要の登記だと教えられました。

図表6-1　手続の流れ

住所・氏名の変更を所轄の役所へ届ける

↓

住民票・戸籍謄本などを取得

↓

所有権登記名義人住所（氏名）変更登記を申請

〈設例〉

東京都○○区△△二丁目３番21号に住んでいた甲山太郎が養子縁組をし氏が変わり、引越しをした。

《登記申請に必要な書類》

1　住所変更場合

旧住所から現住所までのつながりのわかる書類が変更証明書となります。

→住所移転の**履歴を証明**しないと、同一人物とみなしてもらえません。

図表6-2　設例の登記前記載例

権利部（甲区）（所有権に関する事項）			
順位番号	登記の目的	受付年月日・受付番号	権利者その他の事項
1	所有権移転	平成17年8月8日 第1400号	原因　平成17年8月8日売買 所有者　東京都○○区△△二丁目 ３番21号 甲山　太郎

A　→　B　→　C　→　D
(登記簿上)　　　　　　　　　(現状)

①住民票等

・１回目の住所移転で現住所になった場合→**住民票**

・２回以上の住所変更で現住所になった場合→住民票・住民票の除票・戸籍の附票等

・住居表示実施で変更の場合→**住居表示実施証明書**

②委任状（司法書士に依頼する場合）

> **⚠注意**
> 住所移転から５年を経過してしまうと、住民票の除票は発行されません。住所に変更が生じたときは、すみやかに変更登記を申請しましょう。

2　氏名変更の場合

①**戸籍謄本**（氏名変更の経緯が記載されているもの）

②住民票（本籍地記載のもの）

③委任状（司法書士に依頼する場合）

図表6-3　設例の登記後の記載例

権利部（甲区）（所有権に関する事項）			
順位番号	登記の目的	受付年月日・受付番号	権利者その他の事項
1	所有権移転	平成17年８月８日 第1400号	原因　平成17年８月８日売買 所有者　東京都○○区△△二丁目３番21号 甲山　太郎
付記１号	１番登記名義人住所氏名変更	令和元年10月５日 第1050号	原因　令和元年９月27日住所移転 令和元年９月27日氏名変更 住所東京都千代田区丸の内一丁目２番３号 氏名　丙野　太郎

❗重要

・記載が変更された事項に下線が付されます。

・住所・氏名が登記簿上と現状が違う場合、所有権移転・抵当権設定登記等を行うことができません。

❷ 抵当権抹消に関する登記

住宅ローンを組んで購入資金を借りた場合、金融機関の抵当権が対象となる不動産に設定されます。

抵当権は、その目的不動産の滅失、債権全部の弁済、放棄等により消滅します。住宅ローンなどの返済により抵当権が消滅した場合は、原則として当事者の共同申請により抹消登記を行います。

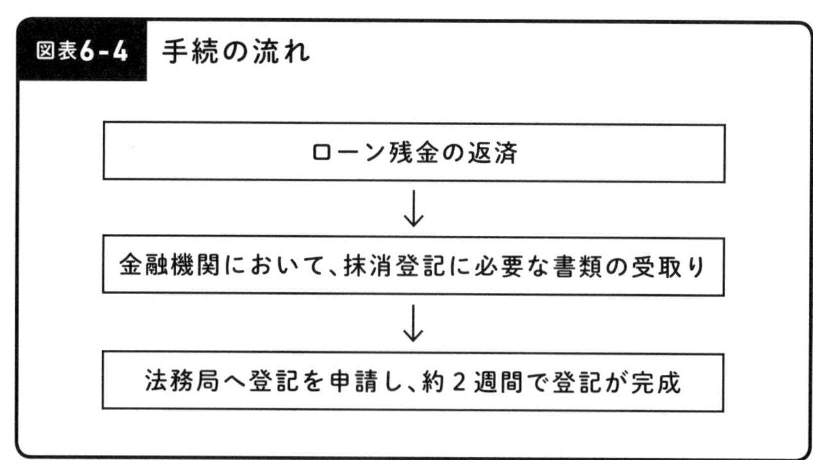

図表6-5　住宅ローンの返済完了前の登記（抵当権設定事例）

権利部（甲区）（所有権に関する事項）			
順位番号	登記の目的	受付年月日・受付番号	権利者その他の事項
1	所有権移転	平成17年8月8日 第1400号	原因　平成17年8月8日売買 所有者　東京都○○区△△二丁目 3番21号 甲山　太郎

権利部（乙区）（所有権以外の権利に関する事項）			
順位番号	登記の目的	受付年月日・受付番号	権利者その他の事項
1	抵当権設定	平成17年8月8日 第1401号	原因　平成17年8月8日金銭消費貸借 同日設定 債権額　金3,000万円 利息　年2.0% 損害金　年14% 連帯債務者 東京都○○区△△二丁目3番21号 甲山　太郎 東京都○○区△△二丁目3番21号 甲山　桃子 抵当権者　東京都◎◎区□□一丁目1番10号 株式会社丙本クレジット

《登記申請に必要な書類》

【所有者・担保提供者】（＝甲区に記載されている人）

①委任状（司法書士に依頼する場合）

前述のように、住所・氏名が登記簿上の記載と現状が違っている場合、抵当権抹消の前提で住所変更・氏名変更の登記が必要です。

【抵当権者】（＝一般的に金融機関）

①登記識別情報通知または登記済証

抵当権設定時に管轄法務局がオンライン化されていなかった場合には、抵当権設定契約書に法務局の登記済の印が押された「登記済証」が存在します。

②解除証書（登記原因証明情報）

住宅ローンが完済されたことを金融機関が証明する書面です（後掲　**図表9－3**参照）。金融機関によっては、抵当権設定契約書に「**本書による抵当権は完済しました**」というスタンプと代表者の印を押して証明としているところもあります。

③代表者事項証明書または会社法人等番号証明書

④委任状（司法書士に依頼する場合）

図表6-6　住宅ローンの返済完了後の登記（抵当権抹消事例）

権利部（乙区）（所有権以外の権利に関する事項）			
順位番号	登記の目的	受付年月日・受付番号	権利者その他の事項
1	抵当権設定	平成17年8月8日 第1401号	原因　平成17年8月8日金銭消費貸借 同日設定 債権額　金3,000万円 利息　年2.0% 損害金　年14% 連帯債務者 東京都○○区△△二丁目3番21号 甲山　太郎 東京都○○区△△二丁目3番21号 甲山　桃子 抵当権者　東京都◎◎区□□一丁目1番10号 株式会社西本クレジット
2	1番抵当権抹消	令和2年1月24日 第123号	原因　令和2年1月24日　解除

※下線のあるものは抹消事項であることを示す。

3 所有権移転登記（売買）

不動産の売買は通常、売買代金の支払いと不動産の引渡しを同時に行います。

一般的に金融機関に売主と買主、仲介の不動産会社と司法書士が一堂に会し、月末の「大安」に行われるケースが多いです。不動産の引渡しとは、原則として現実に不動産を明け渡しますが、売主から買主への鍵の引渡しと同時に、売主から買主への所有権移転登記を行うのが慣例です。

図表6-7 手続の流れ

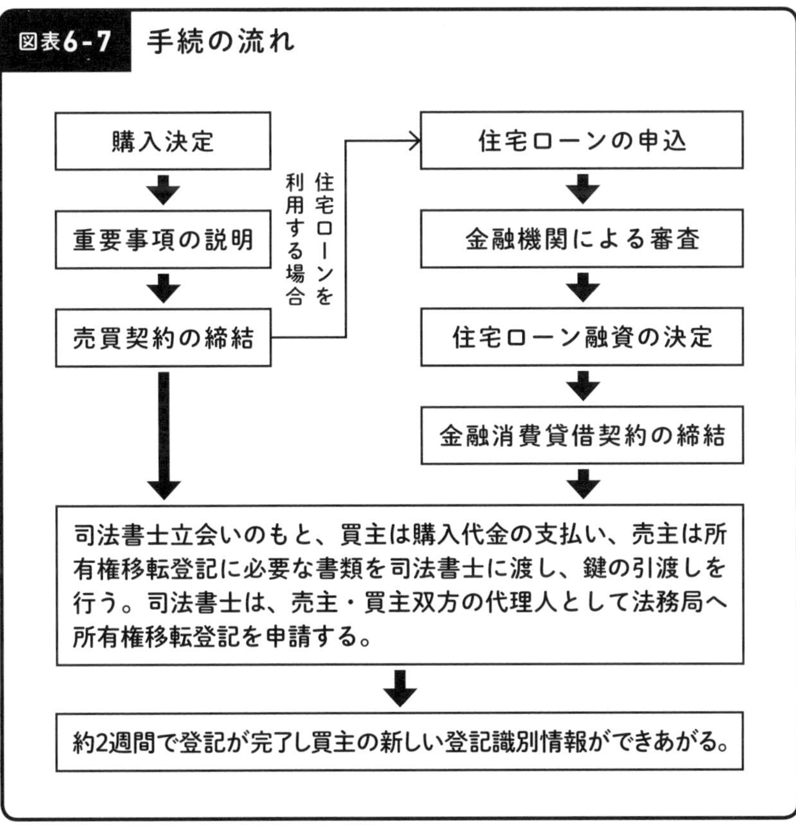

図表6-8　設例の登記前の記載例

権利部（甲区）（所有権に関する事項）			
順位番号	登記の目的	受付年月日・受付番号	権利者その他の事項
1	所有権移転	平成17年8月8日 第1400号	原因　平成17年8月8日売買 所有者　東京都○○区△△二丁目 3番21号 甲山　太郎

〈設例〉

令和2年1月17日、売主甲山太郎と買主乙田次郎が売買契約を行い、それと同時に買主は売主に手付金を支払った。残代金決済日を令和2年1月24日と定めた。

《登記申請に必要な書類》

［売主］

①登記済権利証または登記識別情報通知

登記名義人が**自ら**当該登記を**申請**していることの確認となります。（本人確認）

②印鑑証明書（発行後3カ月以内のもの）

本人の意思で登記申請が行われる旨の確認となります。

③委任状（司法書士に依頼する場合）

実印を押印します。

④登記原因証明情報

「登記の原因となる事実または法律行為」を証明するため

⑤固定資産税評価証明書

登録免許税を算定するため

図表6-9　設例の登記後の記載例

権利部（甲区）（所有権に関する事項）			
順位番号	登記の目的	受付年月日・受付番号	権利者その他の事項
1	所有権移転	平成17年8月8日 第1400号	原因　平成17年8月8日売買 所有者　東京都○○区△△二丁目 3番21号 甲山　太郎
2	所有権移転	令和2年1月24日 第1234号	原因　令和2年1月24日売買 所有者　東京都○○区□□一丁目 1番11号 乙田　次郎

［買主］

①住民票（有効期限なし）

虚無人（実在しない人）からの申請を防ぎ、所有者となる人の氏名、住所を証明するために添付します。

②委任状（司法書士に依頼する場合）

③住宅用家屋証明書

一定要件を満たす場合には、役所で「住宅用家屋証明書」を取得し添付することで登録免許税が軽減されます。

⇒登録免許税のページをご参照ください。

⚠注意

不動産を2名以上で購入する場合は、各人の持分を決めて登記申請をします。通常は購入代金の出資割合で決定することとなり、出資の割合以外で持分を定めた場合、贈与とみなされる可能性があるので、ご注意ください。

❹ 所有権保存登記

建物の表題登記完了後、登記事項証明書の甲区欄に初めてなされる所有権の登記をいいます。分譲建売の家、新築分譲マンションを購入した場合、注文住宅を建てた場合などに当事者がこの登記を行います。

「新築した建物の所有者が誰であるか」を示すために行うもので、登記義務はありませんが、すみやかに行わないと自分の建物であるという証明ができず、銀行から住宅ローンの融資を受けることもできません。

ちなみに、2005（平成17）年の不動産登記法の改正により、「建物の表示登記」が「**建物表題登記**」に名称が変わりました。

〈設例〉

乙田次郎が木造２階建の注文住宅を建てた。

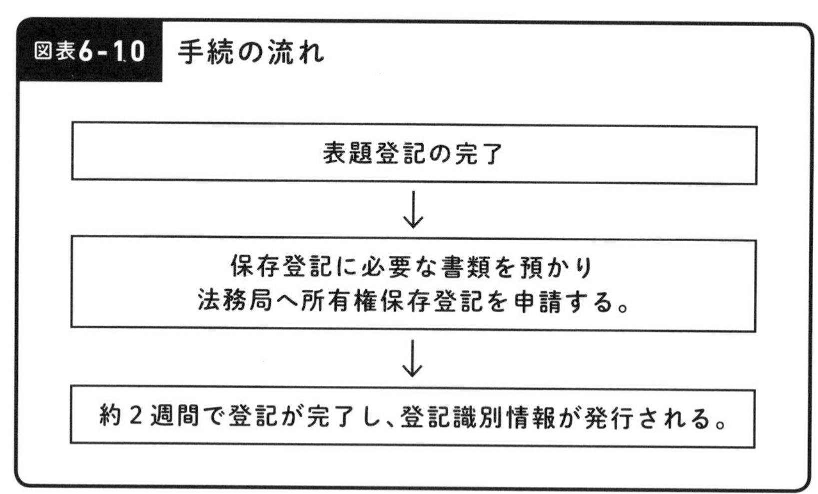

図表6-11 設例の表題登記の記載例

表題部（主である建物の表示）	調整	余白	不動産番号	………13桁………
所在図番号	余白			
所在	東京都○○区△△二丁目3番地1		余白	
家屋番号	3番1		余白	
① 種類	② 構造	③ 床面積 ㎡	原因及びその日付〔登記の日付〕	
居宅	木造ストレート葺 2階建	1階 40 22 2階 40 22	令和2年1月10日新築 〔令和2年1月14日〕	
所有者	東京都○○区□□一丁目1番11号　乙田　次郎			

なお、表題部の登記を申請するのは土地家屋調査士です。購入時の土地の地目が宅地以外であれば、建物表題登記と同時に地目変更登記を行わねばなりませんので、両方の登記を依頼すると時間短縮となります。

《登記申請に必要な書類》

①住民票

所有者となる人の氏名、住所を証明するために添付します。

②委任状（司法書士に依頼する場合）

※一定の要件を満たす場合は、「住宅用家屋証明書」を取得し添付することで登録免許税が軽減されます。⇒登録免許税のページを参照ください。

新築したばかりの建物では固定資産の価格が登録されていないため、固定資産評価証明書を取得することができません。

その際は、次ページの「新築建物課税標準価格認定基準表」を用いて計算します。

図表6-12 設例の登記後の記載例

表題部（主である建物の表示）	調　整	余白	不動産番号	………13桁………
所在図番号	余白			
所　　在	東京都○○区△△二丁目3番地		余白	
家屋番号	3番1		余白	
① 種　類	② 構　造	③ 床面積 ㎡	原因及びその日付〔登記の日付〕	
居　宅	木造ストレート葺 2階建	1階 40:22 2階 40:22	令和2年1月10日新築 〔令和2年1月14日〕	
所有者	東京都○○区□□一丁目1番11号　乙田　次郎			

注）甲区に所有権保存の登記をすると抹消されるので、下線が引かれます

権利部（甲区）（所有権に関する事項）			
順位番号	登記の目的	受付年月日・受付番号	権利者その他の事項
1	所有権保存	令和2年1月24日 第1235号	東京都○○区□□一丁目1番11号 乙田　次郎

図表6-13 東京法務局管内新築建物課税標準価格認定基準表（基準年度：令和3年度）

（1平方メートル単価・単位：円）

構造＼種類	木　造	れんが造・コンクリートブロック造	軽量鉄骨造	鉄骨造	鉄筋コンクリート造	鉄骨鉄筋コンクリート
居宅	102,000	−	114,000	124,000	158,000	−
共同住宅	110,000	−	114,000	124,000	158,000	−
旅館・料亭・ホテル	94,000	−	−	170,000	170,000	−
店舗・事務所・百貨店・銀行	72,000	−	63,000	135,000	152,000	−
劇場・病院	78,000	−	−	170,000	170,000	−
工場・倉庫・市場	55,000	59,000	61,000	91,000	92,000	−
土蔵	−	−	−	−	−	−
附属家	61,000	65,000	68,000	101,000	102,000	−

注）本基準により難い場合は、類似する建物との均衡を考慮し個別具体的に認定することとする。

5 抵当権設定登記

抵当権とは、抵当権者（債権者）が所有者または第三者（担保提供者）が債務の担保に提供した不動産を、その使用収益を委ねたまま、被担保債権の弁済がなされないときに担保物件を競売し、競売代金から優先弁済を受ける権利です。

金融機関から住宅ローンを借りて住宅を購入した場合、銀行を「抵当権者」、不動産の所有者を「抵当権設定者」として、抵当権が設定されます。

ただし、実務上は、金融機関から住宅ローンを借りた際に、金融機関から委託を受けた保証会社が、債権者に代わって弁済した場合に取得することになる求償債権を担保として設定するケースがほとんどです。この場合は、保証会社が「抵当権者」となります。

〈設例〉

乙田次郎は家を建てるため、金融機関から融資を受けることとし、担保として現在所有する土地に抵当権を設定することになった。乙田次郎は融資にあたり保証会社に保証を依頼したので、抵当権者は保証会社である。

図表6-14　設例の登記前の記載例

権利部（甲区）（所有権に関する事項）			
順位番号	登記の目的	受付年月日・受付番号	権利者その他の事項
2	所有権移転	令和２年１月24日 第1234号	原因　令和２年１月24日売買 所有者　東京都○○区△△二丁目 １番11号 乙田　次郎

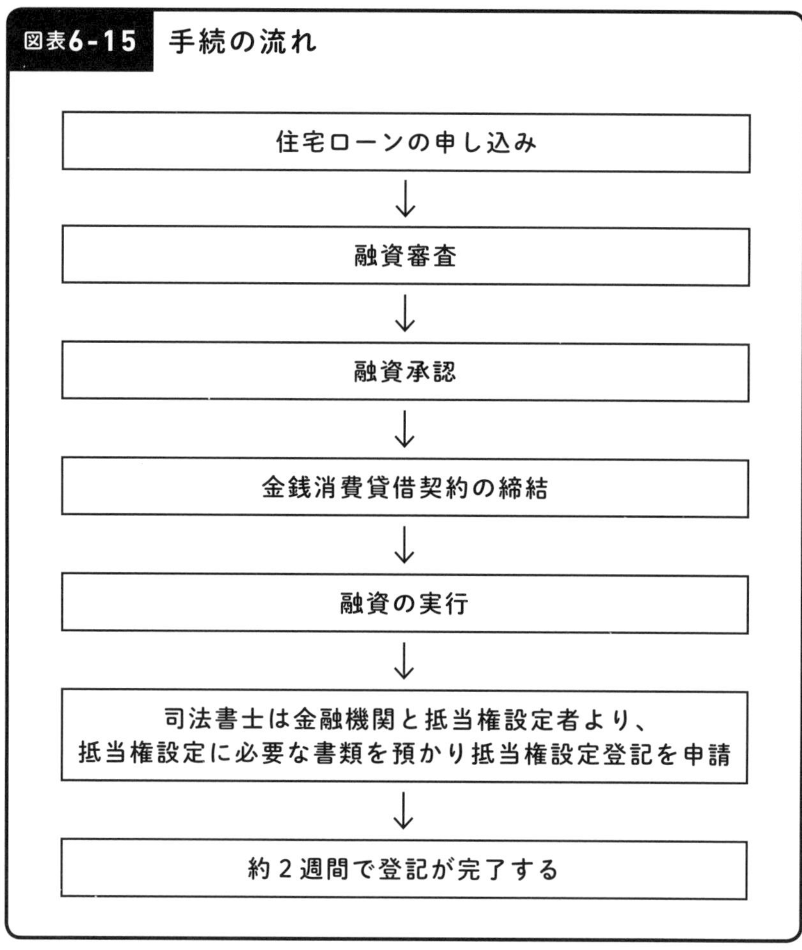

【ネット銀行と普通銀行について】

「年0.289%」等、驚く金利が目に飛び込む時代となりました。

ネット銀行の台頭により金利は安くなっており、自分ひとりでネット上で申込むことが苦にならない方には、ネット銀行をお勧めいたします。

比較すると普通の銀行は、相談員が対面で親切に話を聞いてくれますが、金利はネット銀行よりも少し高め。

返済時の手数料や、病を患い返済できない時の保証など各社工夫を凝らしていますので、ご自身のライフプランと対応の好みを考えながら、借り入れ銀行を決定されると良いでしょう。

《登記申請に必要な書類》

［所有者・担保提供者］＝甲区に最後に記載されている者

①登記済権利証または登記識別情報通知

②印鑑証明書（発行後３カ月以内のもの）

③委任状（実印押印・司法書士に依頼の場合）

注意

※一定の条件を満たす場合は、「住宅用家屋証明書」を取得・添付することにより登録免許税が軽減されます。

※住所・氏名が登記事項証明書と現状が違う場合、抵当権設定登記の前提として、必ず、住所・氏名の変更登記が必要です。

※物件が複数の法務局の管轄にある場合、印鑑証明書と委任状は管轄ごとに１通必要です。

［抵当権者］

①登記原因証明情報

金融機関や保証会社により様式は異なりますが、当事者と「債権者」「利息」「損害金」「債務者」「抵当権者」「物件」が記載されています（**図表６−16**参照）。

②委任状（司法書士に依頼する場合）

図表6-16 抵当権設定時の登記原因証明情報サンプル

抵当権設定登記原因証明情報

令和○年○月○日

法務局　　支　所
　　　　　出張所

登記義務者　おところ
（抵当権設定者）
おなまえ

登記義務者　おところ
（抵当権設定者）
おなまえ

登記義務者　おところ
（抵当権設定者）
おなまえ

登記義務者　おところ
（抵当権設定者）
おなまえ

　　　　　は、○○○株式会社との間で、下記1の債権を被担保債権とする下記2の抵当件を設定することに、令和○年○月○日合意したことを証明します。

記

1．被担保債権

（1）令和○年○月○日付け保証委託契約に基づく求償債権

（2）債権額 □□□□□□ 万円（金額の先頭に¥マークをお書きください。）

（3）損害金　年14%（計算方法は、年365日　日割計算）

（4）債務者　住所＿＿＿＿＿＿　氏名＿＿＿＿＿＿
　　　　　　住所＿＿＿＿＿＿　氏名＿＿＿＿＿＿
　　　　　　住所＿＿＿＿＿＿　氏名＿＿＿＿＿＿
　　　　　　住所＿＿＿＿＿＿　氏名＿＿＿＿＿＿

（5）債権者　東京都◎◎区□□一丁目1番10号
　　　　　　○○株式会社

2.抵当権の設定

（1）登記の目的　抵当権設定

（2）原因　令和○年○月○日付け保証委託契約に基づく求償債権
令和○年○月○日設定

（3）抵当権者　東京都◎◎区□□一丁目１番10号
○○株式会社

（4）抵当物件の表示

以上

図表6-17　抵当権設定登記の事例

権利部（甲区）（所有権に関する事項）			
順位番号	登記の目的	受付年月日・受付番号	権利者その他の事項
1	所有権移転	令和２年１月24日 第1234号	原因　令和２年１月24日売買 所有者　東京都○○区△△二丁目１番１号 乙田　次郎

権利部（乙区）（所有権以外の権利に関する事項）			
順位番号	登記の目的	受付年月日・受付番号	権利者その他の事項
1	抵当権設定	令和２年１月24日 第1236号	原因　令和２年１月24日保証委託契約に基づく求償債権同日設定 債権額　金3,000万円 損害金　年14％（年365日　日割り計算） 連帯債務者 東京都○○区△△二丁目１番11号 乙田　次郎 東京都○○区△△二丁目１番11号 乙田　京子 抵当権者　東京都◎◎区□□一丁目１番10号 ○○株式会社

共同担保物件がある場合注意！

不動産を新規で購入する際、現在住んでいる住宅を共同担保に取る場合があります。その際、現在住んでいる住宅の登記簿上の住所が金銭消費貸借契約書記載の住所と一致しているかどうかに注意が必要です。相違がある場合は、現在住んでいる不動産も、「住所変更登記」が必要です。

第7章

不動産の代金決済の現場

不動産を購入するときは、さまざまな手続の最後に最も大切な「代金の決済」が行われます。

1 「代金決済」で何をする？

住宅ローンを組んで不動産を購入する場合、最後にセレモニーのように大切な不動産の代金決済が行われます。ここを担当するのが司法書士であり、「司法書士の立会業務」とも呼ばれ、円滑で適正な不動産取引の実現が期待されます。

金融機関に売主、買主、仲介不動産会社、そして司法書士が一堂に会します。そこで司法書士が、所有権移転登記等、売買契約に沿った内容の登記を確実に申請できるかどうか、必要書類をすべて確認し、さらに、売主と買主の**本人確認**、**意思確認**、**物件の最終確認**を行います。司法書士の「決済をお進めください」という判断に従い、買主が金融機関から融資を受けた金額の中から売主に売買代金が支払われます。売主は、受け取った売買代金の中から売主の債権者である金融機関に債務を弁済し、抵当権抹消の書類と、所有権移転に必要な権利証や印鑑証明書を司法書士に渡します。

この流れから、「抵当権抹消」「所有権移転」「抵当権設定」登記を同時に申請する書面が整い、司法書士がすぐさま法務局に登記を申請するのです。売主の担保を抹消する金融機関が別の場所であれば、売主と共に司法書士が移動することもあります。仮に、この中で書類の見落としや、確認漏れがあったりすると、登記の申請ができず、依頼者の大切な権利を守ることができません。場合によっては、同物件に他人が違う登記を申請してしまう可能性すらあります。ですから司法書士には、先に述べた『人・物・意思の確認』という重い職責が課せられているのです。

図表7-1　司法書士の大切な３つの確認

人の確認	売主、買主が本人であるか
物の確認	売買物件、担保物件に間違いがないか
意思の確認	当事者に売却・購入する意思があるか

2 代金決済の流れ

図解すると以下のような流れです

図表7-2　代金決済はこのように動く

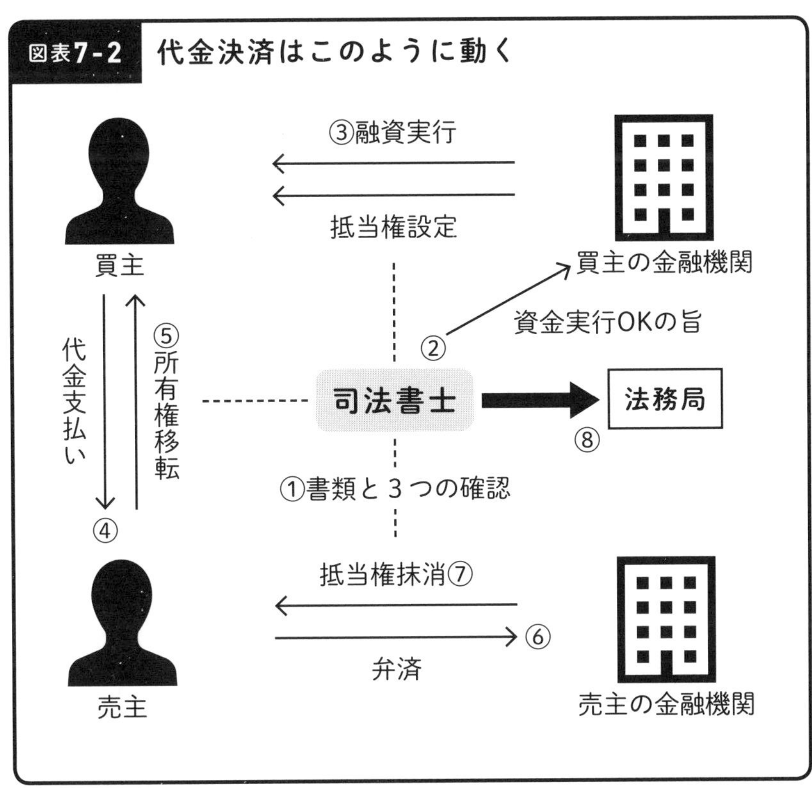

①「代金決済」の場で、司法書士がすべての登記申請に必要な書類、本人であること、物件に間違いがないか、本人の登記意思を確認

⇓

② 司法書士が、買主に融資をする金融機関に資金実行の旨を告げる

⇓

③ 金融機関から買主に資金が振り込まれる

⇓

④ 売主の口座に売買代金が振り込まれる

⇓

⑤ 買主、売主は、不動産会社、司法書士等への手数料を精算
不動産会社から買主へ物件の引き渡し

⇓

⑥ 売主の担保権抹消がある場合、抹消する金融機関へ返済

⇓

⑦ 担保権を抹消する金融機関から抹消登記に必要な書類が交付される。

⇓

⑧ すべての書類を整えて、司法書士が法務局に登記を申請

「代金決済」自体は、およそ1時間程度かかりますが、月末や大安など不動産取引が集中する日には、資金実行手続きにかなり時間がかかることがあります。

本来、書類を整えたらすぐさま登記を申請し、その場で登記も完了するのが理想です。しかし、現実は登記を法務局に申請してから完了まではおよそ2週間かかります。そこで、司法書士が

登記に必要な書類や本人の意思等も確認し、登記が完了できると見越して融資実行のOKを出すということが慣習として定着しています。

この手続をこの日に終わらせるため、司法書士は事前に、不動産会社と物件の打ち合わせを行い、買主の金融機関と担保権設定登記の内容を確認し、売主の担保抹消銀行に当日の書類が完全に整っているかどうかの確認を行い、登記の当事者に権利証を紛失されていないかなどの事前調査を行います。緻密な打ち合わせの最終形が代金決済ということです。それでも、当日に実印や権利証を忘れてくる売主があり、自宅に取りに帰ってもらったり、他の方法を選択したりと、代金決済の現場は、緊張感があふれます。

上記の手続により

①売主の抵当権等の担保権の抹消登記

②売主から買主への所有権移転登記

③買主に融資をした金融機関による抵当権等の担保権設定登記

を連件として同時に申請して行います。これが、住宅ローンを組んで不動産を購入する場合、最も多いパターンです。

「融資実行と登記申請までのタイムラグ解消」

不動産取引での融資実行と登記申請までのタイムラグは、各所から指摘されています。

テクノロジーの進化により、ブロックチェーンなどを活用し、取引情報を紐づける仕組みが検討されています。

「代金決済は月末大安の午前中!?」

代金決済の場で、万が一不足書類があったり、振込に時間がかかったりすると、その日のうちに融資を完了できない事態となります。

ですから、ほとんどの代金決済は、時間的余裕をみて、午前10時頃から午後1時頃までに集中しています。司法書士のラッシュアワーです。

この状況を避けるため、事前に売買代金を信託口口座に預け、取引当日は非対面で行うシステムも始まっています。

「司法書士がたくさん!」

不動産代金決済の現場では、一人の司法書士が売主様と買主様両名の書類を確認して、融資実行のGOサインを出すのが主流です。しかし最近は、金融機関の指定により、売主の担保権抹消と所有移転を担当する司法書士、買主の所有権移転みを担当する司法書士、そして、担保権設定のみを担当する司法書士と、複数の司法書士が立ち会う場面も増えてきました。

司法書士がコラボレーションして、依頼者の大切な権利を守ります。

第8章

自分でやってみる登記

～相続登記

自分の親が亡くなり、相続にまつわるさまざまな手続を経験する中で、「相続登記も自分でやってみたい」とチャレンジされる方が増えました。では、実際はどのような手続を行うのでしょうか？

相続登記は、
①遺言書に基づく登記
②遺産分割よる登記
③法定相続による登記
の、大きく3つに分けることができます。それぞれに進め方や添付書類等も異なります。

1 遺言書に基づく登記

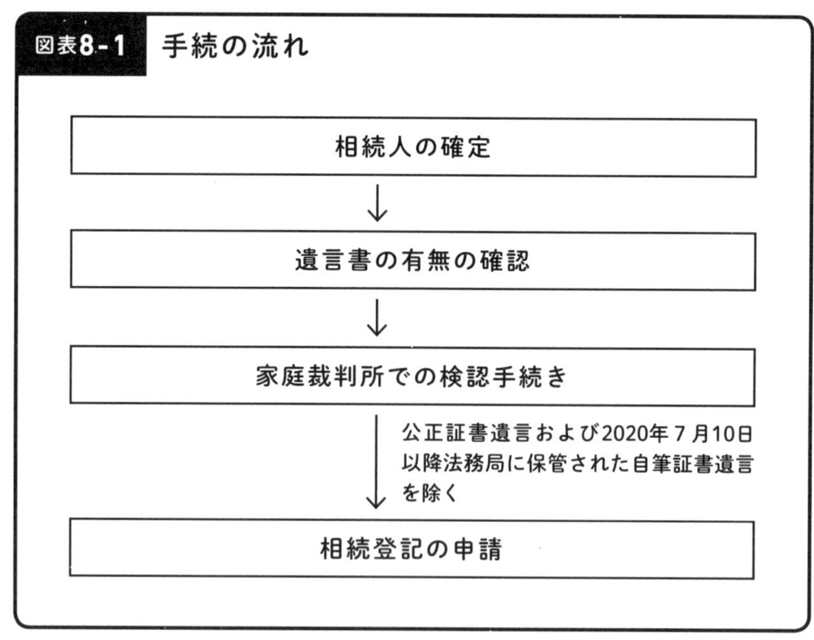

身内が亡くなったら、真っ先に確認しなければならないのが遺言書が存続するかどうかです。遺言書は、大きく「**公正証書遺言**」と「**自筆証書遺言**」の２種類に分かれます。

遺言書が「公正証書遺言」であるなら、それを登記原因証明情報として、他の戸籍謄本、住民票などと共に添付して登記申請します。

しかし、遺言書が「自筆証書遺言」であるなら、少し話は変わります。自筆証書遺言を発見したら、決して開封せず、家庭裁判所に「**検認**」の手続を申し出る必要があります。

検認とは、遺言書の「存在」「形状」「状態」「日付」「署名」が、外形的に整っているかどうかを確認するものであり、主な目的は偽造、変造の防止です。検認したからと言って、遺言の有効性までは担保されません。この検認を行わなければ、そもそも自筆証書遺言を添付した登記を行うことができません。また、民法1005条の規定により、「過料」により５万円以下の罰金が科されることもあります。

検認が終了すると、家庭裁判所で「**検認済証明書**」が発行されるので、こちらを登記申請書に添付します。

ただし、2020（令和2）年7月10日にスタートした法務局で自筆証書遺言を預かってくれる「**遺言書保管サービス**」を利用して法務局に預けられた自筆証書遺言に関しては、裁判所の検認が不要となりました。

また、この制度を利用して預けられた自筆証書遺言にはデータ化され保管されており、各地の法務局で検索可能です。亡くなった方の自筆証書遺言は、「家の中や貸金庫などを探す」ということに加えて、「最寄りの法務局で検索して探してもらう」という、二つの作業が必要です。

被相続人には、「遺言書を書いた」、あるいは「遺言書を法務局に預けた」という情報だけでも相続人に共有していただきたいものです。

2 遺産分割による登記

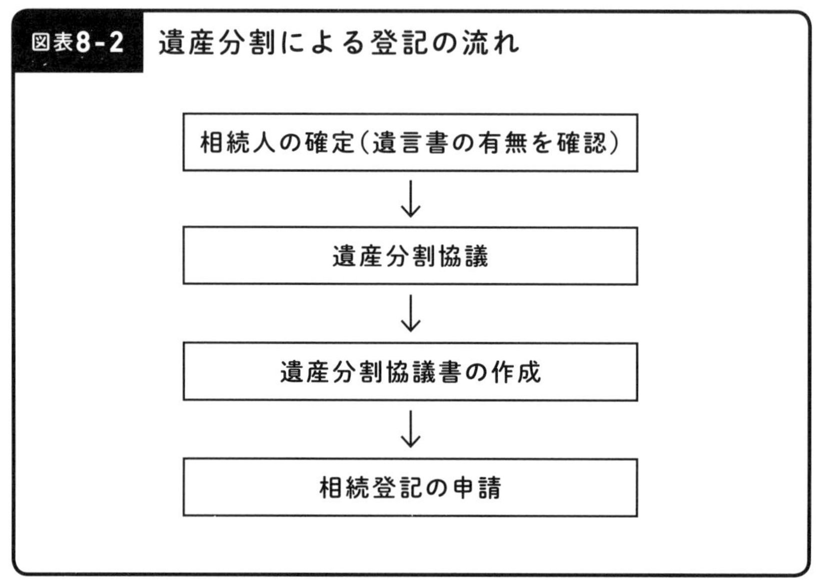
図表8-2 遺産分割による登記の流れ

相続人間で、法定相続分以外の割合で相続財産を承継する話し合いをすることを「**遺産分割協議**」といいます。

遺言書が見つかった場合は、本来は被相続人の意思に基づき財産を承継すべきと考えますが、相続人間で協議を行い、遺言書と異なる割合で財産を承継することも可能です。

相続人全員が同意していることを証するため、「**遺産分割協議書**」を作成します。協議書には、誰が相続財産の何を引き継ぐこととなったかを、不動産の表示、引き継ぐべき口座、証券番号などを特定して明記し、相続人全員が署名、実印を押印し、印鑑証明書を添付します（**図表8－3**参照）。

個人や税理士さんが作成された遺産分割協議書が、地番違い、家屋番号が抜けているなどの理由で、そのままでは登記申請に使用できないケースもあり、特に不動産については「登記事項証明書どおりの記載」が必要です。

遺産分割による登記は、戸籍謄本等一式のほか「**遺産分割協議書**」を添付して申請します。近年は、相続人各人に「遺産分割協議証明書」として、遺産分割協議で話し合いが成立した内容を証明してもらう文体で書名・押印をもらう手続方法もありますが、こちらは専門家に相談された方が良いでしょう。

なお、万が一協議が整わない場合には、残念ながら調停や訴訟へ移行することとなります。

私は年に数回「家系図を書こう」というセミナーを行いますが、実は、男性に人気です。

最近では、「ファミリーヒストリー」というテレビ番組も人気があり、「自分はどこから来たの？」と、自分自身のルーツをたどってみたい方々が増えています。

お時間のある時に、自分の戸籍をたどってみると新しい発見があったり、ご先祖様への感謝の気持ちが強くなったりするかもしれません。

図表8-3

遺産分割協議書

令和２年２月１日、東京都杉並区阿佐谷○丁目○番○号甲山太郎（最後の本籍　東京都杉並区阿佐谷○丁目○番地）の死亡によって開始した相続の共同相続人である甲山花子、甲山一郎及び甲山桃子は、協議の結果、次のとおり遺産分割し、財産を取得することを決定した。

1　相続人甲山花子が取得する財産
（1）土地
東京都杉並区阿佐谷○丁目○番○　宅地300平方メートル
（2）建物
東京都杉並区阿佐谷○丁目○番地○　　家屋番号：○番○
木造瓦葺２階建　　床面積１階　75平方メートル
２階　75平方メートル

2　相続人甲山一郎が取得する財産
（1）預金
○○銀行　本店　被相続人甲山太郎名義の定期預金
口座番号　×××××××　1,000万円
（2）株式
株式会社○○製作所の株式　１万株

3　相続人甲山桃子が取得する財産
（1）預金
○○銀行　阿佐谷支店　被相続人甲山太郎名義の普通預金
口座番号　×××××××　1,000万円

上記のとおり、遺産分割の協議が成立したので、これを証するため本協議書を作成し、それぞれ署名・捺印し、各１通を保有するものとする。なお、本協議書に記載なき遺産・債務は相続人全員で別途協議して定めるものとする。

令和２年２月１日

東京都杉並区阿佐谷○丁目○番○号
甲山花子　（実印）

東京都杉並区阿佐谷○丁目○番○号
甲山一郎　（実印）

東京都練馬区関町南○丁目○番○号
甲山桃子　（実印）

現代社会においては、相続人が各地に散らばっているケースもあります。登記実務の現場では、上記の遺産分割協議書を持ち回りで押印する時間や手間を省く意味も含め、「**特別受益証明書**」なるものを作成し、遺産分割協議書に代える場合もあります。この書面を取りまとめることにより、実質的に遺産分割講義を行ったと同じ結果となり、特定の相続人が相続登記を行うことも可能です。

ただし、この「**特別受益証明書**」に署名するというとは、相続財産に関する権利を事実上放棄にすることにもなります。後日、「放棄したけど取り戻したい」というご相談をお受けすることがありますが、ほとんどが、法律上の相続放棄ではなく、このケース。ご自身が印鑑を押す立場になった場合は、よく検討する必要があります（**図表8－4**）。

図表8－4

特別受益証明書

被相続人氏名　　乙川一夫
被相続人の最後の住所　東京都杉並区荻窪○丁目○番○号

私は、被相続人から相続分以上の財産の贈与を受けています。
したがって、上記被相続人の死亡により開始した相続について相続分がないことを証明します。

令和２年３月1日

相続人氏名　乙川二郎　　　　㊞
相続人の住所　東京都立川市曙町○丁目○番○号

③ 法定相続による登記

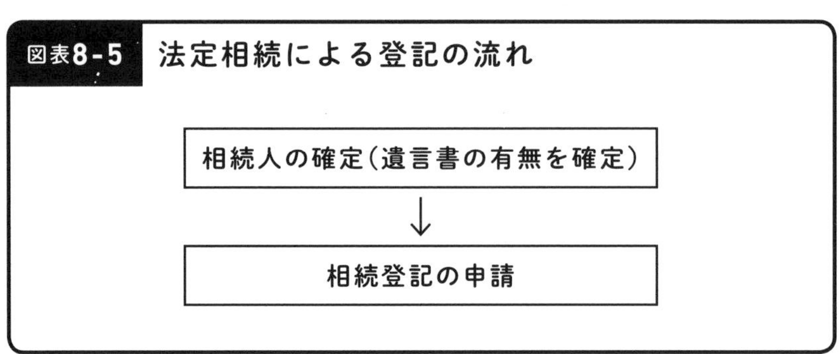
図表8-5 法定相続による登記の流れ

遺言書がない、相続人が一人である、相続人が複数存在するが「遺産分割協議」が整わないなどの場合には、法定相続に基づく登記を行うことがほとんどです。法定相続による登記は、戸籍謄本などの必要書類をすべて整えることにより、相続人のうちの一人から申請することも可能です。これは相続登記申請が法律上の「保存行為」であると考えられているからです。ただし、その場合、登記申請後に発行される「登記識別情報通知」は、申請人にしか発行されず、他の相続人が不満を持つ可能性がありますので、注意が必要です。

❹ 相続登記を行う前に

相続登記を申請する前に、まず、相続に関する基本的なことを押さえておきましょう。

図表8-6　法定相続人は誰？

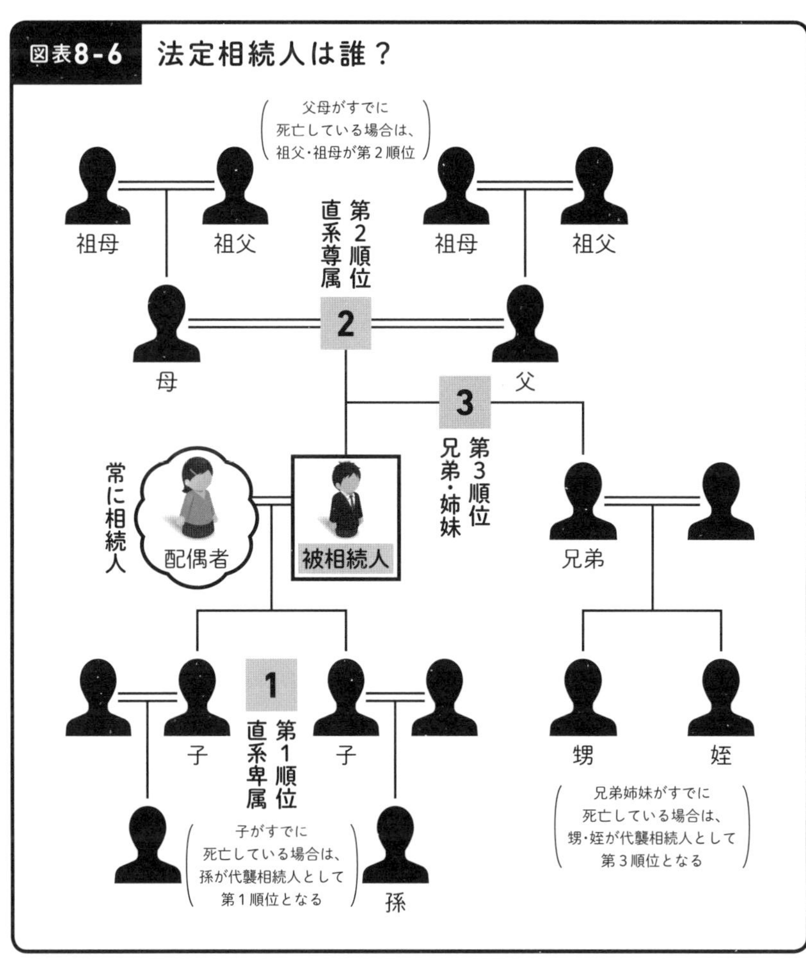

【法定相続人の順位】

配偶者は常に相続人となります。そして、

第１順位　子（またはその代襲相続人）
第２順位　父母など直系尊属
第３順位　兄弟姉妹（またはその代襲相続人）

【法定相続人と法定相続分】

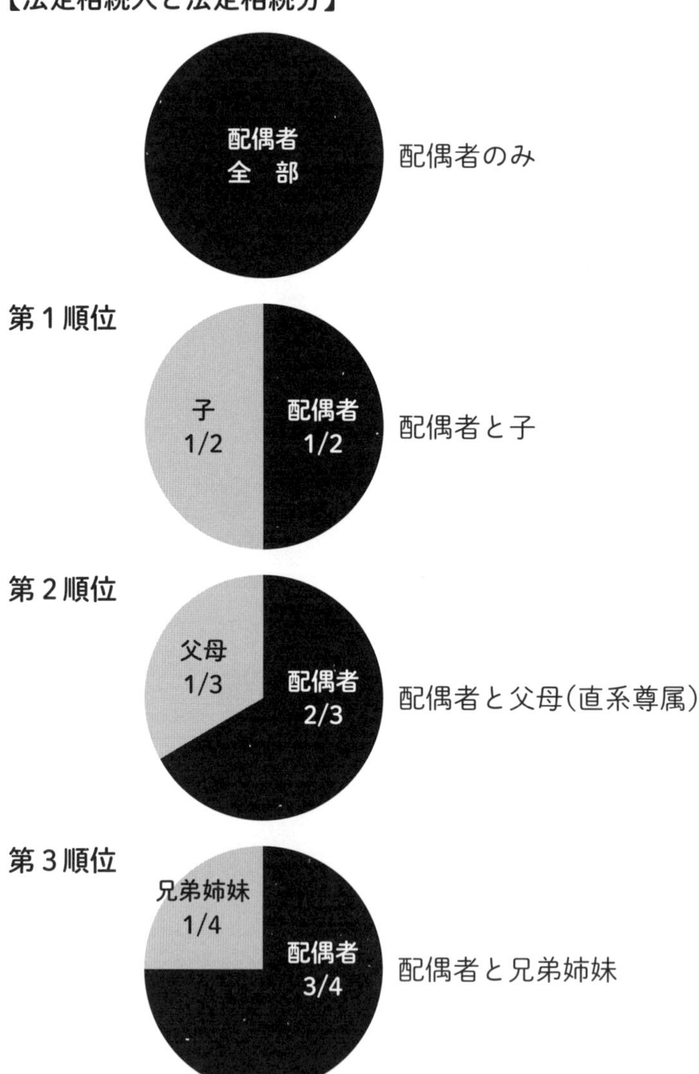

①配偶者は常に相続人となります。

どの順位の者が配偶者と共に相続するかにより、法定相続分も変わります。なお、子、直系尊属、兄弟姉妹が存在しない場合は、配偶者のみが相続人となります。

配偶者とは入籍が条件であり、事実婚は含まれません。

②子や直系尊属、兄弟姉妹が複数いる場合には、上記の相続分を人数に従って等分します。

【養子や胎児の相続分】

離婚した配偶者は婚姻関係が解消されますので相続人ではありません。しかし、離婚した配偶者との間の子は、法定相続人となります。最近は離婚・再婚も珍しいことではありませんので、「前の配偶者との間に生まれた子」の存在には注意が必要です。

また、胎児は既に生まれたものとみなし、子としての法定相続分を有します。ただし、死亡して生まれた場合は適用されません。

養子は、嫡出子と同じ割合の法定相続分を有します。したがって養親も、実親と同じ割合の法定相続分を有することとなります。

【相続放棄】

被相続人の財産を調査し、プラスよりマイナスが多い場合、相続放棄をすることができます。相続放棄は、「自分が相続人であることを知った時から３カ月以内」に、家庭裁判所に**相続放棄の申述**を行います。相続放棄が認められると、その者は最初から相続人とならなかったものとみなされます。

実務の現場では、先に述べた「特別受益」を、この相続放棄と勘違いされている方も多いので、そのような場合には、「裁判所に放棄の手続をされましたか」と必ず確認をするようにしています。

【限定承認】

限定承認とは、「**相続によって得たプラス財産の限度において、被相続人の債務などのマイナスの財産を相続すること**」をいいます。限定承認は、相続人全員で行わなければなりません。

たとえば、相続財産に1,000万円の借金と、自宅の持ち分500万円があるような場合に、限定承認の申立てを行い、自宅の持ち分相当の借金500万円は債権者に支払うことで、自宅の持ち分500万円は相続するというようなケースです。

実際に、限定承認をする場合は、相続財産から、被相続人の債権者に対して負債の弁済が行われ、弁済してもプラスの財産が残っていれば、それを相続人が承継することになります。相続財産がプラスかマイナスかは全財産を把握しなければ難しく、また、家庭裁判所への申立てが複雑なほか、準確定申告などが必要になる場合が多く、個人で行うことはあまりお勧めしません。限定承認を選択する場合は、専門家にご相談されると良いでしょう

5 相続登記に必要な戸籍謄本等の収集

【戸籍謄本を取得する理由】

相続登記を申請する場合、３つの登記すべてに共通する添付書類が、

①登記原因証明情報

②住所証明情報（主として住民票の写し）

③固定資産評価証明書
です。

ケースにより遺言書や、遺産分割協議書を添付します。

そして、登記原因証明情報の重要な一部であり、相続人を調査する際に必ず必要となるのが戸籍謄本等（全部事項証明書）です。被相続人に関する戸籍謄本等を**不足することなく収集すること**が、相続の基本であるといえます。

戸籍謄本等を取得することにより、
①被相続人が亡くなっている
②相続人が間違いなく相続人である
③相続人が生存している
④他に相続人が存在しない
ことを証明することが可能です。

【戸籍謄本等を取り寄せるには】

戸籍謄本等は、本籍地のある市区町村役場の窓口で手数料を支払って取得します。

取得のコツとしては、「ここで取得できるすべての戸籍を出してください」と最初に告げること。1通ずつ取得して記載を読み込みさかのぼると、相当の時間を要してしまいます。

本籍地が遠方の場合や、仕事などで役場に行く時間がない場合は郵便で取り寄せることも可能です。郵送で取得する場合は、請求書（役所のホームページよりダウンロードできます）、運転免許証などの顔写真つきの身分証の写し、手数料分の定額小為替、切手を貼った返信用封筒なども必要です。

【戸籍には種類がある】

①現在戸籍

現に在籍している者がいるため、現に使用されている戸籍のことです。戸籍は、夫婦とその子どもの親子２代の身分関係をひとつの単位として成り立っており、「本籍地」「氏名」「生年月日」「父母・養父母の氏名および続柄」「戸籍に入った年月日」などが記載されています（**図表８－７**参照）。

②改製原戸籍

日本の戸籍制度は、1872（明治5）年に作られた壬申戸籍より、1886（明治19）年、1898（明治31）年、1915（大正4）年、1949（昭和23）年、そして、1994（平成6）年と何度か改正されてきました。そのたび、戸籍の形式が変更されて新しい戸籍が作られ、この際の従前の戸籍が「改製原戸籍」（「かいせいげんこせき」または「かいせいはらこせき」と読みます）となります（**図表８－８**参照）。

③除　籍

その戸籍に記載されている人が、死亡するか、戸籍から抜けるなどの理由によりすべていなくなった場合、除籍となります。また、本籍地を他の市区町村に移したときも新しい戸籍が作られるので、転籍前の戸籍が「除籍」となります。

【結婚などと戸籍】

戸籍は、夫婦とその子の親子２代の身分関係をひとつの単位として成り立っています。ゆえに、結婚すると新しい戸籍が作られ、配偶者とともに記載され、元の戸籍からは抜けます。反対に離婚したときは、親の戸籍に戻ることも、氏の選択によって新しい戸籍が作られることもあります。

新しい戸籍が作られる際、引き継がれるのは従前の戸籍の記載のすべてというわけではありません。

たとえば、従前の戸籍で既に亡くなって除籍された者の情報は、新しい戸籍には引き継がれません。したがって、相続に必要な戸籍を「漏れることなく収集する」ためには、現在の戸籍謄本等（全部事項証明書）を取得しただけでは足りず、改製原戸籍、除籍などをさかのぼって調査する必要があるのです。

図表8-7 戸籍謄本（全部事項証明書）

★1

全部事項証明書

本　　籍 氏　　名	埼玉県所沢市○○２丁目 10 番地 乙野　太郎
戸籍事項 　戸籍改製	【改製日】平成 22 年８月１日 【改製事由】平成６年法務省令第 51 号附則第２条第１項による改製
戸籍に記載されている者 除　　籍	【名】太郎 【生年月日】昭和 31 年２月３日【配偶者区分】夫 【父】乙野　大作 【母】乙野　梅子 【続柄】長男
身分事項 　出生	【出生日】昭和 31 年２月３日 【出生地】埼玉県所沢市 【届出日】昭和 31 年２月 10 日 【届出人】父
婚姻	【婚姻日】昭和 55 年１月１日 【配偶者氏名】乙野　花子 【従前戸籍】埼玉県所沢市○○一丁目 20 番地 　乙野　大作
死亡	【死亡日】令和２年１月 10 日★2 【死亡時間】午前７時 10 分 【死亡地】埼玉県所沢市
戸籍に記載されている者	【名】花子 【生年月日】昭和 32 年３月４日 【父】甲山　健三 【母】甲山　良子 【続柄】長女
身分事項 　出生	【出生日】昭和 32 年３月４日 【出生地】神奈川県横浜市瀬谷区 【届出日】昭和 32 年３月６日 【届出人】父
婚姻	【婚姻日】昭和 55 年１月１日 【配偶者氏名】乙野　太郎 【従前戸籍】神奈川県横浜市瀬谷区○○二丁目５番地 　甲山　健三

★3

発行番号　00022G457898329109938-20160425-005

これは、戸籍に記載されている事項の全部を証明した書面である。

令和２年４月 24 年

横浜市西区長　○○　○○

横浜市
区長
戸籍専用

★1

夫・乙野太郎、妻・乙野花子の戸籍謄本（全部事項証明書）

★2

乙野太郎が令和２年１月10日に亡くなった旨、記載されています。

★3

子の除籍事項記載省略

図表8-8 改製原戸籍

改製戸籍

平成六年法務省令第五十一号附則第二条第一項による改製につき
平成弐拾弐年八月壱日消除★1

本籍	埼玉県所沢市○○弐丁目拾番地
氏名	乙野太郎

平成弐拾壱年五月三日愛知県名古屋市○○町参丁目五番地から転籍 ㊞ ★2

昭和参拾壱年弐月参日埼玉県所沢市で出生父乙野大作届出同月拾日受附入籍 ㊞
昭和五拾五年壱月壱日乙野花子と婚姻届出埼玉県所沢市○○壱丁目弐拾番地乙野大作戸籍から入籍 ㊞

父	乙野大作
母	乙野梅子
	男長
夫	太郎★3
生出	昭和参拾壱年弐月参日

昭和参拾弐年参月四日神奈川県横浜市瀬谷区で出生父甲山健三届出同月六日受附入籍 ㊞
昭和五拾五年壱月壱日乙野太郎と結婚届出神奈川県横浜市瀬谷区○○弐丁目五番地甲山健三戸籍から入籍 ㊞

父	甲山健三
母	良子
	女長
妻	花子★4
生出	昭和参拾弐年参月四日

父	
母	
生出	

★5

★1
法律の改正によって新しい戸籍が作られたことが書かれています

★2
仮に転籍などが事実があれば、このように記載されます

★3
戸籍の筆頭者である乙野太郎の情報

★4
乙野太郎の配偶者である乙野花子の情報

★5
子の出生の記録は省略

【相続関係説明図を作成】

相続登記の申請書に相続関係説明図を添付することにより、添付した戸籍謄本等の一式を還付（返却）してもらうことができます。住所証明情報として住民票または戸籍の附表を添付しますが、これもコピーを添付することにより還付してもらうことができます。一般的に、相続登記申請の他にも、金融機関や相続税の申告等にも戸籍謄本等一式が必要ですので、この手続を採るほうが便利です。さらに、2017（平成29）年５月から始まった「**法定相続情報証明制度**」の活用も、あらゆる手続の時間短縮となります。

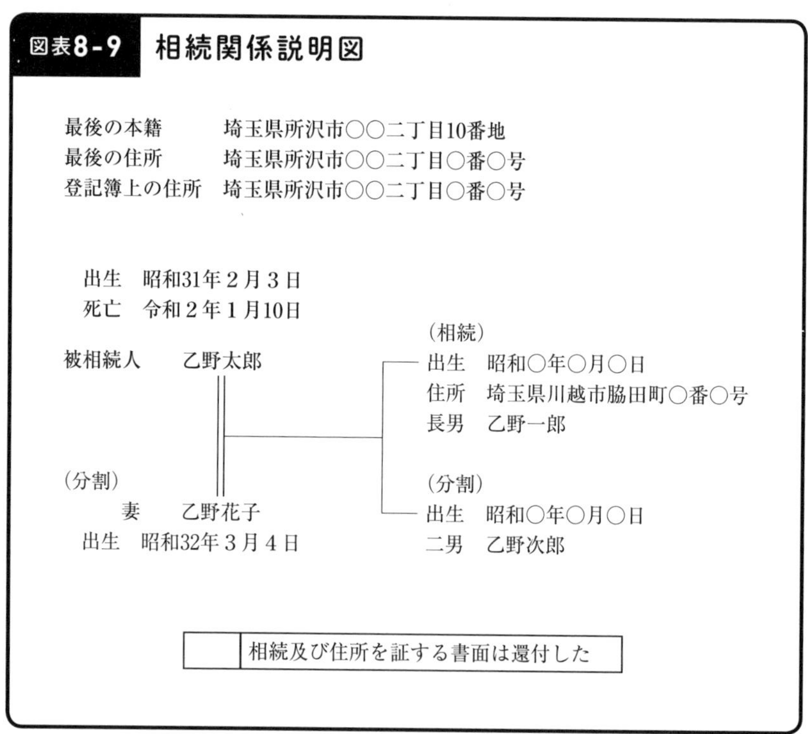
図表8-9 相続関係説明図

【法定相続情報証明制度】

不動産の相続登記や金融機関で預貯金の名義変更を行う場合には、原則として、被相続人（亡くなった方）の出生から死亡までの戸籍謄本（戸籍全部事項証明書）、除籍謄本（除籍全部事項証明書）等をすべてそろえる必要があり、かなりの時間と手数料がかかります。しかも、手続を要する不動産が複数の法務局の管轄に及ぶ場合または複数の金融機関の預貯金の名義を変える必要がある場合には、そろえた一式の戸籍関係書類を一つひとつの提出先で出しては返却を受ける必要があり、膨大な時間を要しました。すべての法務局に一括で申請するなら戸籍関係書類を必要分だけ取得することとなり、それもかなりの時間と費用がかかります。また、金融機関は、顧客に戸籍関係書類を返却するために膨大なコピーをとらねばなりませんでした。このような相続手続にかかる相続人や金融機関相続手続担当者の負担を軽減する目的で創設されたのが、法定相続情報証明制度です。

相続人は、この「法定相続情報一覧図の写し」を各法務局や金融機関窓口に提出することにより、これまでのように相続に関する戸籍等一式を提出する必要がなくなりました。同時に複数の法務局や金融機関に提出することも可能です。

このように、高齢化が進むなかで、相続登記の効力が変化し、更に法務局の役割も高まってきました。不動産登記の必要性は、高度成長期・バブル期におけるものから、超高齢社会におけるものへと微妙に変化していると言えます。だからこそ、不動産登記をこれまで以上、深く理解する必要があると筆者は考えます。

図表8-10 法定相続情報一覧図サンプル

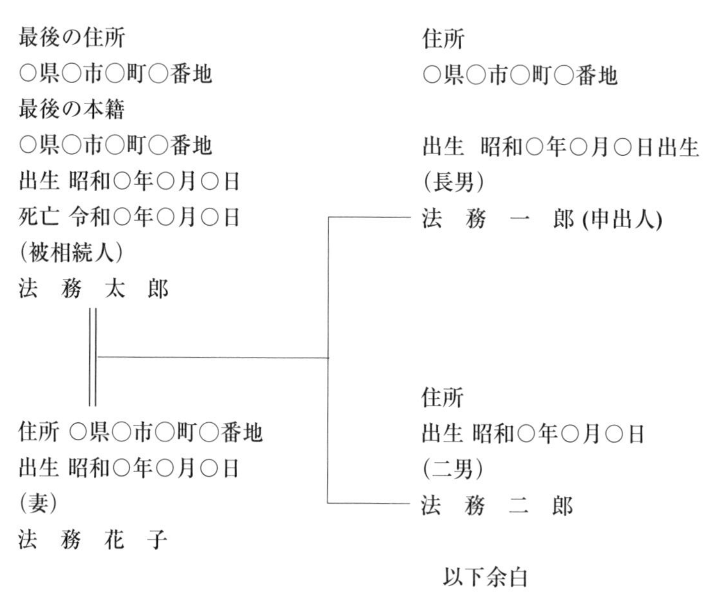

法定相続情報番号 ○○○○—○○—○○○○○○

被相続人 法務太郎 法定相続情報

最後の住所
○県○市○町○番地
最後の本籍
○県○市○町○番地
出生 昭和○年○月○日
死亡 令和○年○月○日
(被相続人)
法 務 太 郎

住所 ○県○市○町○番地
出生 昭和○年○月○日
(妻)
法 務 花 子

住所
○県○市○町○番地

出生 昭和○年○月○日出生
(長男)
法 務 一 郎 (申出人)

住所
出生 昭和○年○月○日
(二男)
法 務 二 郎

以下余白

作成日 令和○年○月○日
作成者 住所 ○県○市○町○番地
氏名○○ ○○ ㊞

出典:法務局ホームページ

法定相続情報証明制度の手続の流れ

1）必要書類を法務局に提出

①被相続人が生まれてから亡くなるまでの一連の戸籍謄本等

②その戸籍謄本等の書類に基づき、相続人または弁護士や司法書士などの代理人が作成した「法定相続情報一覧図」

③被相続人の最後の住所を証明する住民票等

2）登記官が①の書面を確認し、認証文を付した「法定相続情報一覧図の写し（被相続人○○法定相続情報）」を相続人に交付する。

3）必要数が交付され、手数料は無料。戸籍謄本等の一式書類が返却される。

以下、事例を掲げてご説明します。

乙野太郎には、妻・乙野花子、長男・乙野一郎、次男・乙野次郎がいます。乙野太郎が亡くなり、相続人は妻・花子、長男・一郎、次男・次郎の３名。相続分は、妻・花子２分の１、長男・一郎４分の１、次男・次郎４分の１となりますが、遺産分割協議を行い、長男乙野一郎が不動産を取得することになりました。

相続登記には、被相続人の出生から亡くなるまでの戸籍謄本等一式を添付しますが、これらが「**登記原因証明情報**」となります。

①乙野太郎の出生から死亡までの戸籍謄本（全部事項証明書）

実際は、死亡の記載のある現在の戸籍謄本をまず取得し、結婚、転籍などの事由をたどりながら、出生の記載のある戸籍謄本まですべてをたどります。

②乙野太郎の住民票の除票

被相続人・乙野太郎の最後の住所の記載のある「除かれた住民票」を取得します。この除票を取得する際に、役所に「本籍地」を記載してもらい、最後の住所と戸籍を関連づけます。

③乙野花子、乙野一郎、乙野次郎の戸籍（全部事項証明書）

被相続人が死亡し相続が開始した際に、相続人が存在している証明となります。子乙野一郎と乙野次郎がそれぞれ結婚していれば、婚姻によって新たに作成された戸籍謄本が必要です。

④遺産分割協議書

相続人である乙野花子、乙野一郎、乙野次郎の協議によって、長男乙野一郎が不動産を取得することが記載され、全員が署名、実印を押印したもので、全員の印鑑証明書も添付します。

⑤不動産を取得する者の住所証明情報

乙野一郎の住民票または戸籍の附表を添付します。

6 相続登記申請書を作成しましょう

図表8-11 相続登記申請書

登　記　申　請　書

登記の目的　　　所有権移転　…①

原　　　因　　　令和２年１月10日相続　…②

相　続　人　　　（被相続人　乙野太郎）…③
埼玉県川越市脇田町○番○号
乙野一郎　　㊞
049-111-2222

添付書類
登記原因証明情報　住所証明書　評価証明書　…④⑤⑥

申請人の住所へ原本還付書類の送付を希望します。

送付の方法により登記完了証の交付を希望します。
送付先の住所　申請人の住所

送付の方法により登記識別情報通知書の交付を希望します。
送付先の区分　申請人の住所

令和２年３月５日申請　　　　　　　　　御中

課 税 価 格　　　金１,000万円　…⑦

登録免許税　　　金４万円　…⑧

不動産の表示　…⑨

不動産番号	1234567890123
所　　在	埼玉県所沢市○○２丁目
地　　番	５番２
地　　目	宅地
地　　積	330.33平方メートル

収入印紙　収入印紙　収入印紙

登記申請書は、A4の用紙にパソコンまたは手書きにて記入します。用紙が複数にまたがる場合は、契印を押印します。

【申請書の記載】

①「**登記の目的**」

所有権移転と記載します。相続する物件が共有持ち分である場合には「乙野太郎持分全部移転」となります。

②「**原　因**」

被相続人の死亡した年月日と相続である旨記載します。

遺産分割協議成立日ではありませんので、注意しましょう。

③「**相続人**」

（　）内は被相続人乙野太郎の氏名を記載し、不動産を取得する相続人乙野一郎の住所、氏名、相続人が複数の場合は相続分を記載し、氏名の横に押印します。（認め印で可）法務局からの連絡用に電話番号も記載します。

④「**登記原因証明情報**」

登記の原因となった事実を証明する書類を意味しますが、相続登記の場合、取得した戸籍謄本等一式となります。本事例では、遺産分割協議を行っているため、遺産分割協議書（印鑑証明書付）も加わります。また、相続説明関係図を添付することにより、戸籍等の原本を還付してもらえることは先に述べました。

⑤「**住所証明情報**」

不動産を取得する乙野一郎の住民票または戸籍の附票

⑥「**評価証明書**」

法定の添付書類ではありませんが、課税価格と登録免許税算出の根拠として添付します。

⑦「**課税価格**」

固定資産評価証明書に記載された評価額の1,000円未満を切り捨てた額を記載します。

⑧「**登録免許税**」

課税価格に1000分の４を乗じた数の100円未満を切り捨てた金額です。

2026（令和７）年３月31日まで、固定資産税評価額が100万円以下の土地の相続登記につき登録免許税が免税されます。

登録免許税は収入印紙で納付しますので、法務局窓口か郵便局で購入し、登記申請書の余白に貼っておきます。

⑨「**不動産の表示**」

所有権移転する不動産を、登記事項証明書の記載とおりに記載します。

【いよいよ登記申請】

相続する不動産の管轄法務局に申請します。管轄法務局は、次に掲げる法務局のサイトから調べることが可能です。

http://houmukyoku.moj.go.jp/homu/static/kankatsu_index.html

郵送による申請も可能であり、申請書を入れた封筒の表面に「不動産登記申請書在中」と記載し、書留郵便で送付します。ただし、個人で申請する場合、書面に不備がある可能性が高く、実際に法務局窓口で申請されることをお勧めします。

申請時に、登記申請窓口にて登記完了日を教えてもらえます。それまでに補正があれば、法務局から連絡が来ますが、なければ、その予定日に登記が無事完了します。

いざ！ 登記所へ

「自分で登記を申請するときの注意」

さて、頑張って申請書を作成し、いよいよ法務局窓口へ申請ですが、以下の点には特に気を付けてください。

①管轄法務局はあっているか？

最近は、法務局が統廃合され以前より減少しています。申請する登記の**管轄**が間違いなくその法務局であるか、申請前に改めて確認をしましょう。私たちも、新入社員研修ではこの部分を最重要事項として伝えます。

ちなみに、管轄違いで申請した登記は「**却下**」されてしまいます。

②登記事項証明書の記載内容が変わっていないか確認する

登記申請前に、申請する物件の登記事項要約書や登記事項証明書を取得して、登記事項に変化がないかを確認しましょう。まれに、市区町村が合併などで名前が変わっていることもあります。

不動産の取引の際なども、売主側で建物の表題登記を変更していたり、売主の住所変更登記を申請していたりすることがありますので、注意が必要です。

③添付すべきものを忘れていないか？

・申請書に添付すべき書面（情報）が揃っているかどうかを確認します。

登記実務の現場では、その他に、

ミニレクチャー(つづき)

・連件で複数の登記を申請する場合に、順番通りに申請書が並んでいるか
・登録免許税として貼り付けている収入印紙に不足がないか
・そもそも申請書の記載に間違いがないか

等を入念に確認します。

「補正と取下げ」

登記申請後、「何かがあれば」法務局から電話がかかります。
さて、その際どう対応すればよいのでしょうか？

①「**軽微**な修正」である場合

登記申請書或いは、書面上の軽微な誤りであれば、法務局の指示に従って修正することができます。これを「**補正**」といいます。補正は電話口で行うことはできませんので、登記を申請した法務局に出向き、指示に従って修正します。

法務局から電話がかかってきたら、修正内容を詳しく聴いておきます。

②「修正できないような**重大**な誤り」の場合

登記申請に重大な誤りがある場合は、修正はできませんので、登記申請そのものを**取り下げ**ることとなります。補正と同様に、登記申請した法務局に出向き、登記申請を取り下げる旨を告げ、「取下書」を提出して取り下げます。その際に、登録免許税として納めた収入印紙又は登録免許税の還付方法も確認しておきましょう。

無事に登記が完了した！

登記が無事に終了すると、登記権利者に、先にご説明した「**登記識別情報**」が交付されます（P.131参照）。

まず、登記識別情報に記載されている事項が、自分が申請したとおり、正しく記載されているかを確認します。さらに、できれば最新の登記事項証明書を取得し、今回申請した登記が正確に反映されているかどうかを確認します。**登記識別情報**の記載と、**登記事項証明書**の記載は同じであるはずですが、万が一、誤った記載がされていたら、法務局にすぐさま申し出て修正してもらいましょう。

受け取った登記識別情報は大切に保管しましょう。登記識別情報は再発行されませんし、紙そのものよりもそこに書かれている**12ケタの「情報」**が重要です。人の眼に情報が触れないように、たとえば、銀行の貸金庫などを活用し、大切に扱ってください。

「登記識別情報を発行してほしくない！」

登記識別情報を受け取っても管理に自信がないという人がいます。その場合は、事前に申し出ることにより、最初から「登記識別情報」を**発行しない**ことも選択できます。また、後日、登記識別情報を紛失したり盗まれたりした場合には、該当の登記識別情報自体を**失効させる**こともできます。管轄法務局にご相談ください。

ただし、この手続をすると、後日、不動産を売却したり、担保設定したりする際には、別な手続が必要となりますので、ご注意ください（P.130参照）。

「相続登記をしないデメリット」

先にも、相続登記をしない場合のデメリットに触れましたが、改めてここでまとめておきます。

①時間の経過と共に、相続人がとんでもない人数になることがあります。

②当事者が増えることにより遺産分割協議などの話し合いが困難になります。

③相続人の一人が認知症を発症してしまうと、成年後見人の申し立てが必要となります。

④相続人の一人が行方不明となると、不在者の財産管理人を選任してもらう必要が生じます。

⑤相続物件を売却する際に、タイミングを逃す可能性があります。

⑥実質的に空き家となることにより、さまざまなリスクを負うこととなります。

⑦役所の統廃合、保存期間の経過などにより、戸籍謄本や除籍謄本等の取得等に膨大な時間と費用を要することがあります。

⑧当事者が知らない間に、法定相続登記が入れられていたり、債権者の差押が入ることもあります。

相続が起こってしまったなら、早めに相続登記申請を済まされることをお勧めします。

第9章

自分でやってみる登記

～抵当権抹消登記

一生懸命返済し、住宅ローンなどの銀行借入金を完済すると、金融機関から抵当権抹消に関する書類一式が送られてきます。一般的には金融機関から司法書士を紹介されるケースが多いのですが、「時間があるから自分で申請したい」とチャレンジする方もあります。では、抵当権抹消登記とは具体的にどのように行うのでしょうか？

金融機関で不動産を担保に借り入れをすると、登記事項証明書の「乙区」に抵当権が設定されます。しかし、長年をかけて借入金を頑張って返済したからと言って、この抵当権設定登記が自然に消えるのではなく、「**抵当権抹消登記**」を申請する必要があります。この場合、不動産の登記名義人（所有者）が登記権利者、抵当権を消される金融機関が登記義務者として、共同申請を行います。なお、抵当権の債務者はこの登記申請には登場しません。

❶ 以下の場合には、専門家にご相談を！

ここで注意いただきたいのは、

①借入金返済時に既に不動産の登記名義人が亡くなっている場合には、抵当権抹消登記の前提として「**相続登記**」の申請が必要です。

②借入金返済時に、不動産の登記名義人が、引っ越しして住所が変わっている場合、離婚して氏が変わっている等の場合は、前提とて、「**登記名義人住所（氏名）変更登記**」の申請が必要です。

③売買による所有権移転登記や抵当権設定登記と**同時に申請**しなければならない場合には、買主にとって「一生に一度かもしれない大きな買い物」に伴う多額の資金移動が伴いますので、抵当権抹消登記の**失敗が許されません**。

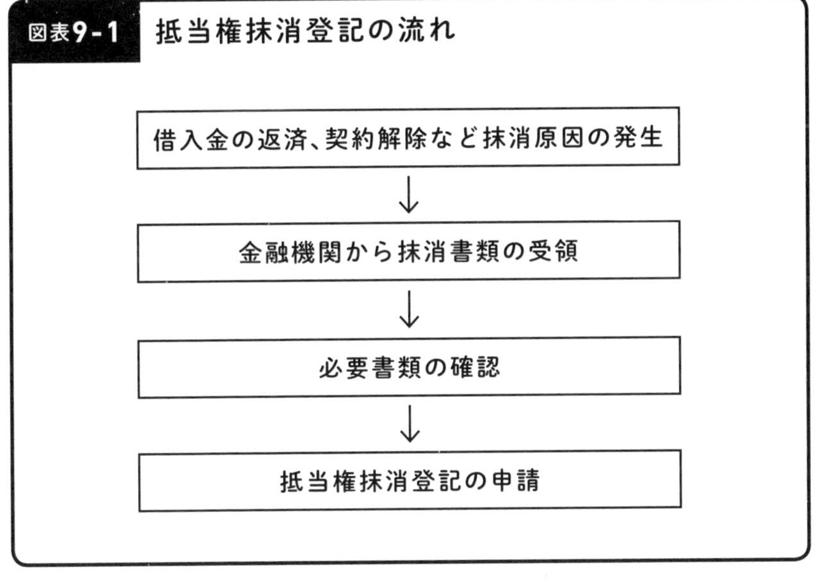

このような場合には、権利登記の専門家である司法書士への依頼をお勧めします。

❷ 抵当権者（金融機関等）から送られてくる書類を確認

【登記識別情報】

抵当権の抹消登記には、抵当権設定の際に抵当権者である金融機関に交付された「**登記識別情報通知**」が必要です。

また、抵当権設定当時に管轄法務局がオンライン化されていなかった場合には登記識別情報通知が存在しませんから、法務局の登記済印の押された「**抵当権設定登記済証**」（**図表９－２**）が必要です。

図表9-2 抵当権設定登記済証サンプル

（表）

抵当権設定契約書

東京都千代田区千代田一丁目○番○号
株式会社○○○保証　御中

平成○年○月○日

債　務　者 （保証委託者）	住　所	東京都墨田区○○一丁目10番1号
兼抵当権設定者	氏　名	甲山　太郎　㊞
抵当権設定者	住　所	
	氏　名	

債務者、抵当権設定者は、債務者が株式会社○○銀行（以下「金融機関」という。）から融資を受けるについて令和○年○月○日付で貴社との間に締結した保証委託契約（以下単に「保証委託契約」という。）に附帯して、下記各条項を契約します。

第1条（抵当権の場合）
抵当権設定者は、債務者が保証契約に基づき貴社に対し負担すべき求償債務を担保するため、その所有する末尾記載の物件（以下「担保物権」という。）の上に次の要領により順次第○番の抵当権を設定いたします。
1　債務額　　　　　　　　金10,000,000円也
2　遅延損害金　　年14%（年365日　日割計算）
（ただし、貴社が事前求償権を行使した場合には事前求償権を支払うべき日の翌日から、又は貴社が代位弁済した場合にはその代位弁済日の翌日から完済日に至るまで）

（裏）

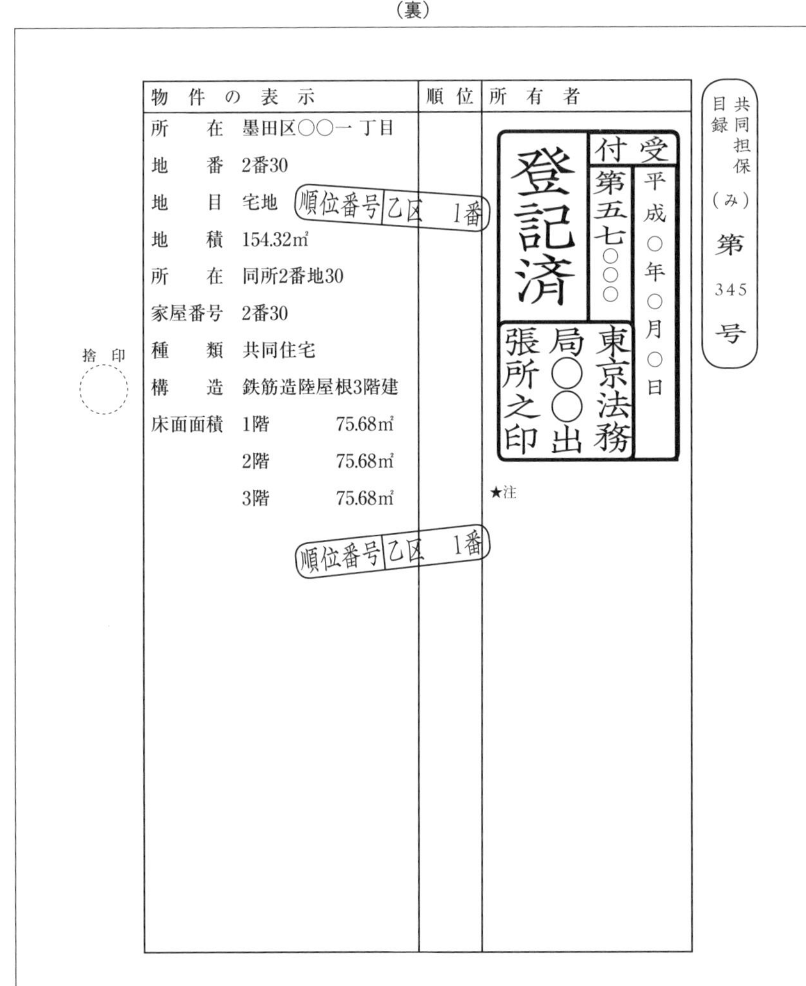

物件の表示		順位	所有者
所在	墨田区〇〇一丁目		
地番	2番30		
地目	宅地		
地積	154.32㎡		
所在	同所2番地30		
家屋番号	2番30		
種類	共同住宅		
構造	鉄筋造陸屋根3階建		
床面面積	1階　75.68㎡		
	2階　75.68㎡		
	3階　75.68㎡		

★注

法務局の登記済印

受付年月日・受付番号は、登記事項証明書や登記識別情報通知と同じです。

【解除証書(弁済証書)】

貸付金が返済され、抵当権が消滅したことを金融機関が証明する書面で、登記原因証明情報となります。金融機関により、抵当権設定登記済証に「本書による抵当権を解除します」などいうスタンプと代表者印を押して、「解除証書」としているケースもあります。

図表9-3 抵当権解除証書サンプル

抵当権解除証書

令和○年○月○日
東京都千代田区千代田一丁目○番○号
株式会社○○○○保証
代表取締役　乙野二郎 ㊞

後記不動産につき、東京法務局○○出張所平成○年○月○日受付第○○号をもって登記された債務者甲山太郎の抵当権は、令和○年○月○日これを解除しました。

物件の表記

所　　在	墨田区○○一丁目
地　　番	２番30
地　　目	宅地
地　　積	154.32㎡

所　　在	墨田区○○一丁目２番地30
家屋番号	２番30
種　　類	共同住宅
構　　造	鉄筋造陸屋根３階建
床 面 積	１階　75.68㎡ ２階　75.68㎡ ３階　75.68㎡

【代理権限証情報】

代理人によって申請する場合は、委任状と、代表者が法人であれば代表者事項証明書、登記簿上の表示が代表者事項証明書と異なる場合は履歴事項全部証明などが該当します。

図表9-4 代表者事項証明書サンプル

代表者事項証明書

会社法人等番号　○○○○―○○―○○○○○○○

商　　号　　株式会社○○○○保証

本　　店　　東京都千代田区千代田一丁目○番○号

代表者の資格、氏名及び住所

東京都千代田区平河町三丁目○番○号

代表取締役　　乙野二郎

以下余白

これは上記の者の代表権に関して登記簿に記載されている現に効力を有する事項の全部であることを証明した書面である。

令和○年○月○日

東京法務局

登記官　　　　丙　本　三　郎　印

❸ 抵当権抹消登記・ここに注意！

抵当権者は、抵当権抹消登記の**登記義務者**となります。

原則、登記義務者の住所等に変更があれば、登記名義人住所変更登記を行います。しかし、抵当権者の本店や商号、代表者に変更が生じており、登記簿上の表示と異なる場合でも、個人と異なり、抵当権登記名義人の住所・氏名変更登記は**不要**とされています。

その代わり、変更の経緯が確認できる書面を添付する必要があるため、履歴事項全部証明書や閉鎖事項証明書を追加で添付します。これらの書面は、通常は、抵当権抹消に関する他の書面と共に金融機関等から送られてきます。

そして、抵当権者が金融再編により合併や会社分割をしている場合は、さらに注意が必要です。抵当権者である金融機関が他の金融機関に合併した場合には、**合併による抵当権移転登記**も行わねばなりません。これも金融機関側で終えているケースがほとんどですが、最近は地方銀行などの再編も目まぐるしく、心配な場合は念のために金融機関にお尋ねください。

❹ 抵当権抹消登記申請書を作成しましょう

登記申請書は、A4の用紙にパソコンまたは手書きにて記入します。用紙が複数にまたがる場合は、契印を押印します。

登記申請書のフォームは、法務省のサイトからダウンロードすることも可能です。

図表9-5 抵当権抹消登記申請書

登記申請書

登記の目的　　抵当権抹消　…①

原　　因　　令和２年１月24日　解除　…②

抹消すべき登記　平成○年○月○日受付第○○○○○号　…③

権　利　者　　東京都墨田区○○一丁目10番１号　…④
甲山　太郎

義　務　者　　東京都千代田区千代田一丁目○番○号
株式会社○○保証　　代表取締役　乙野二郎　…⑤

添付情報　　登記原因証明情報　登記識別情報（又は登記済証）　…⑥ ⑦ ⑧ ⑨
代理権限証明情報　資格証明書

令和２年１月24日　申請　東京法務局○○出張所　御中

申請人兼義務者代理人　東京都墨田区○○一丁目10番１号　…⑩
甲山　太郎　㊞
連絡先の電話番号　○○○─○○○○─○○○○

登録免許税　　金2,000円　…⑪

不動産の表示　…⑫

不動産番号　0123000456000
所　　在　墨田区○○一丁目
地　　番　２番30
地　　目　宅地
地　　積　154.32㎡

不動産番号　0123000456001
所　　在　墨田区○○一丁目２番地30
家屋番号　２番30
種　　類　共同住宅
構　　造　鉄筋造陸屋根３階建
床 面 積　１階　75.68㎡
２階　75.68㎡
３階　75.68㎡

収入印紙　収入印紙

【申請書の記載】

①「**登記の目的**」

抵当権抹消と記載します。

後記③の「抹消すべき登記」を記載しない場合は、「○番抵当権抹消」と、乙区の順位番号で特定する方法もあります。

②「**原因**」

「年月日解除」のように、抵当権が消滅した原因とその日付を記載します。

登記原因証明情報である「抵当権解除証書」や「弁済証書」等に、原因と日付が記載されています。

③「**抹消すべき登記**」

抹消する抵当権を、受付年月日と受付番号で特定します。

①に「○番抵当権抹消」と記載した場合、この事項は不要です。

④「権利者」

抵当権を抹消することにより利益を受ける、不動産の登記名義人の住所と氏名を記載します。

⑤「義務者」

抵当権者である金融機関等の本店・商号・代表者の氏名を記載します。

抵当権者の商号などが、登記事項証明書の乙区の記載と一致しない場合は先に述べたとおり、変更の過程がわかる書面も添付しなければなりません。

⑥「登記原因証明情報」として、抵当権の解除証書や弁済証書を添付します。

⑦ 添付情報

「**登記識別情報通知**」又は法務局の登記済印の押された「**抵**

当権設定登記済証」

登記義務者の抹消意思を確認する書面として添付します。

登記識別情報通知は、目隠しシールをはがしてコピーをとり、コピーを封筒に入れて提出するのが慣例です。

封筒には、抵当権者の商号と「登記識別情報在中」と記載し、登記申請書にホチキスで止めて申請します。

⑧「代理権限証明情報」として抵当権者からの登記申請委任状を添付します。

⑨「資格証明書」として、代表者事項証明書を添付します。ただし、有効期限は３カ月ですので、期限切れの場合は、金融機関等に連絡して再度取り寄せが必要です。

⑩「申請人兼義務者代理人」

登記権者である不動産登記名義人が、登記義務者である抵当権者から委任を受けて登記申請を行うケースがほとんどです。この場合「申請人兼義務者代理人」という特色ある記載をし、住所、氏名、電話番号を記載の上、捺印します。

⑪「登録免許税」

抵当権抹消登記の登録免許税は、不動産１個につき1,000円です。ただし、敷地権付きのマンションの場合は、敷地権も不動産の個数としてカウントします。

登録免許税は収入印紙で納付しますので、法務局窓口か郵便局で購入し、用紙の余白に貼っておきます。

⑫「不動産の表示」

抵当権を抹消する不動産を、登記事項証明書の記載とおりに記載します。

【いよいよ登記申請】

抵当権を抹消する不動産の管轄法務局に申請します。管轄法務局は、法務局のサイトから調べることが可能です。

http://houmukyoku.moj.go.jp/homu/static/kankatsu_index.html

郵送による申請も可能であり、申請書を入れた封筒の表面に「不動産登記申請書在中」と記載し、書留郵便で送付します。ただし、個人で申請する場合、書面に不備がある可能性が高く、実際に法務局窓口で申請されることをお勧めします。

実務の現場から

金融機関から担保権抹消書類が届いても、封を開けない方もあります。金融機関の代理権限証明情報となる「代表者事項証明書」の有効期限はわずか３カ月。書類が届いたら、すぐさま抹消登記申請に取り掛かることをお勧めします。申請を放置している間に、その金融機関がさらに再編を行う可能性もあります。

また、この抹消登記を申請する段階になって初めて、住所変更登記や相続登記を行っていないことを思い出す方も。

いずれにせよ、早めの取り組みが手続の時間短縮、費用削減となります。

申請時に、登記申請窓口にて登記完了日を教えてもらえます。それまでに補正があれば、法務局から連絡が来ますが、なければ、その予定日に登記が無事完了します。

⚠「会社法人等番号通知書」って何？

抵当権抹消の際に金融機関から受け取る書類ですが、最近は、金融機関の履歴事項証明書や代表者事項証明書などの、いわゆる資格証明書が入っていない場合がほとんど。その代わりに、「会社法人等番号通知書」なる書面が同封されてきます。

2015（平成27）年11月より、登記申請書に会社法人等番号を記載することにより、履歴事項証明書や代表者事項証明書の添付が不要となったことに起因します。しかし、金融機関から同時に送られてくる委任状の代表者が、果たして現在の代表者であるかどうかは、その書面からはわかりません。したがって、ご自分で登記を申請する際には、念のために金融機関の履歴事項証明書を取得して、変更がないかどうかを確認された方が確実です。

この場合は「義務者」のところを

『義務者　東京都千代田区千代田一丁目○番○号
　　　　　株式会社○○○○保証
　　　　　（会社法人番号　1234-56-789012）
　　　　　代表取締役　乙野二郎』

というように記載します。

反対に、金融機関の代表者について作成後１カ月以内の履歴事項証明書・資格証明書を添付した場合は、申請書に会社法人番号の記載が不要となります。

成年後見登記制度

本書は「不動産登記の教科書」ではありますが、この超高齢社会において「認知症」による資産凍結のリスク対策を知っておくことは、親や、将来の自分の資産を守ることに大変役立ちます。資産凍結対策の一つである、成年後見という制度につきお話します。

1 成年後見制度とは

認知症や知的障害がある方のように、正常な判断を下すのが難しい方の財産を守り、身の回りに配慮するための制度が「**成年後見制度**」であり、2000（平成12）年に介護保険制度と車の両輪として導入されました。この制度を活用すると、選ばれた「後見人」が本人に代わり、さまざまな法律行為や契約行為などを行うことができるようになります。

具体的には、預貯金などの金融資産、不動産などの財産の管理や、病院や介護施設などのサービスを受けるための契約を結ぶことなどです。また、相続人である場合の遺産分割協議をはじめとする法的手続や、日々の契約ごと等が該当します。

2 成年後見登記制度とは

「**成年後見登記制度**」とは、家庭裁判所で選任された成年後見人の権限や任意後見契約の内容を法務局に登記し、法務局の登記官が登記事項を登記事項証明書として発行することによって、**登記情報を開示**する制度のことをいいます。この情報が開示されることにより、成年後見人のさまざまな行為がスムーズに行えるようになります。

たとえば、成年後見人が本人に代わり預金の引き出しをする場合、金融機関に「登記事項証明書」を提示することにより、公に認められた後見人であることを簡単に証明することができます。

3 成年後見制度には２種類！

成年後見登記制度は、「法定後見制度」と「任意後見制度」の２つの種類に分けることができます。

【法定後見制度】

法定後見制度とは認知症や知的・精神障害などにより、既に本人の判断能力が不十分となっている場合に、親族などの申し立てにより、家庭裁判所に「**後見人**」を選んでもらう制度です。

法定後見制度は、本人の判断能力の程度に応じて以下の３種類に区分されています。

①「後見」本人の判断力が著しく欠如していると判断された場合

具体的には、日常の買い物なども一人でできない状態をいいます。

②「保佐」本人の判断能力が特に欠如していると判断された場合

日常の買い物程度はできても、法的な契約行為などはできない状態をいいます。

③「補助」本人の判断能力が不十分だと判断された場合

「保佐」までは至らないが、契約行為などはできない状態をいいます。

裁判所が、上記の種類に従い後見人等を選任し、後見人等は家庭裁判所に対して報告義務を負い、その監督を受けることになります。

【任意後見制度】

任意後見制度とは、本人の判断能力が十分にあるうちに、将来に備えてあらかじめ法律行為や財産の処分などを任せる「**任意後**

見人」を選任し、依頼する内容を契約書として残しておく制度です。

具体的には、将来を託したい人と公正証書による任意後見契約を結び、万が一、認知症などが発症したときに、家庭裁判所に申し立てをして任意後見監督人を選任してもらうことにより、任意後見業務がスタートします。依頼者がずっと認知症等を発症しなければ、スタートしない保険のような契約です。

4 登記は誰が行うのか

成年後見制度を利用しているか否かは、他人から見て判断することはできません。そこで、この制度を利用していることを人に証明する手段として「**成年後見登記制度**」が生まれました。

法定後見と任意後見では登記するタイミング等に違いがあります。

【法定後見】

最初の登記は「**家庭裁判所**」が行います。家庭裁判所に成年後見人選任の申し立てを行い、審判を経て家庭裁判所が後見人を選任します。

成年後見人が選任されると、家庭裁判所から審判書謄本が届きます。審判書謄本を受け取ってから２週間ほどで審判が確定し、裁判所から登記番号を知らされます。この登記番号を法務局に提出すると、後見人として法的に証明されていることを表す登記事項証明書を発行してもらうことができます。

つまり、法定後見においては、後見人が選任されたという登記は、家庭裁判所が行います。

【任意後見】

最初の登記は「**公証人**」が行います。任意後見契約は、本人の判断能力があるうちに、本人と任意後見人候補者で、公証人役場に赴き、公正証書を作成することにより成立します。任意後見契

図表10-1 成年後見登記制度

	法定後見制度	任意後見制度
はじめの登記	家庭裁判所が行う	公証人が行う
変更の登記	（任意）後見人が行う	
終了の登記	（任意）後見人が行う	

約が成立したこと、そして、その契約内容を証明する登記は、公証人が行います。

最初の登記を行う機関が異なりますが、その後の「変更登記」と「終了の登記」は（任意）後見人が行うことは共通です。

「**変更登記**」とは、後見開始時、あるいは任意後見契約締結時に登記された当初の情報が変更された場合、たとえば、後見人の住所が移転した場合などに、登記内容を変更する登記です。

「**終了登記**」は、被後見人の方が亡くなり、（任意）後見を終了する場合に必要な手続になります。

これら２つは、（任意）後見人自身で行う必要のある後見登記手続です。

図表10-2 （任意）後見人自身が行う登記

	変更登記	終了登記
登記が必要な場合	登記事項の内容に変更があった場合	被後見人の死亡や判断能力の回復により後見を終了する場合など
必要書類	・変更登記申請書 ・変更の事実を示す書類	・変更登記申請書 ・変更の事実を示す書類
申請方法	東京法務局で窓口申請、または郵送	東京法務局で窓口申請、または郵送
申請できる人	・後見人 ・被後見人の親族 ・その他の利害関係人	・後見人 ・被後見人の親族 ・任意後見契約を結んでいる両者とその親族 ・その他の利害関係人
費用	収入印紙1,400円分	なし

「**変更登記**」に必要な書類は事例により異なります。

・住所に変更があった………住民票の写しまたは戸籍の附表

・氏名・本籍地が変わった…戸籍謄本

・後見人が亡くなった………死亡の事実がわかる戸籍謄抄本または死亡診断書

〈申請方法〉

この登記の申請場所は全国で１ヵ所のみです。

東京法務局・後見登録課

〒102-8226 東京都千代田区九段南1-1-15

九段第二合同庁舎４階

窓口に申請または郵便で申請します。

「**終了の登記**」も事例により、添付書類が異なります。

・被後見人の方が亡くなった場合…死亡の事実がわかる戸籍謄抄本または死亡診断書

・任意後見契約が解除になった場合

①合意解除…合意解除の意思を記載し、公証人の認証を受けた書面の原本または謄本

②一方からの解除…解除の意思を記載し、公証人の認証を受けた書面の原本または謄本と、謄本を受け取った際の配達証明

③任意後見契約を結んだ両者のいずれかが破産…破産決定正本

若干複雑ですので、申請する際には、東京法務局に確認されるかまたは専門家に相談されることをお勧めします。

〈申請方法〉

「変更登記」と同様、東京法務局窓口申請又は郵送にて行います。「終了の登記」には手数料がかかりません。

5 成年後見に関する登記事項証明書の取得方法

「登記事項証明書」は、(任意)成年後見人としては、自分が権限のあることを証明する書面となります。

反対に、いまだ判断能力が衰えていない人は、「成年後見人が未だついていないですよ」ということを証明したいのですから、それを証明する書面を「登記されていないことの証明書」といいます。

証明書は2種類あるということです。

両証明書とも、必要書類を法務局の窓口に持参もしくは郵送で取得またはオンラインで請求することも可能です。

ただし、窓口で取得する場合は全国どこの法務局でも扱ってくれますが、郵送する場合は、**東京法務局・後見登録課**(〒102-8226

図表10-3 証明書の種類

	登記事項証明書	登記されていないことの証明書
必要になる場合	後見人が被後見人の代理行為を行う場合など	後見開始の申立てを行う場合など
請求方法	・必要書類を窓口へ持参／郵送 ・オンライン請求	・必要書類を窓口へ持参／郵送 ・オンライン請求
必要書類	・登記事項証明書・申請用紙 ・身分証明書、委任状など	・登記されていないことの証明書、申請用紙 ・身分証明書、委任状など
請求先	・窓口請求は全国の法務局 ・郵送は東京法務局のみ	・窓口請求は全国の法務局 ・郵送は東京法務局のみ
請求できる人	・登記されている当事者（被後見人、後見人、後見監督人） ・被後見人の４親等内の親族 ・上記から委任された人	・証明対象となる人本人 ・本人の４親等内の親族 ・上記から委任された人
費用	窓口／郵送：550円 オンライン（紙の証明書）：380円 オンライン（電子データ）：320円	窓口／郵送：300円 オンライン（紙の証明書）：300円 オンライン（電子データ）：240円

東京都千代田区九段南1-1-15九段第二合同庁舎４階）でのみの受け付けとなっていますので、ご注意ください。

最近は、高齢者との取引でトラブルが起こることを避けるため、金額の大きな契約の際には、金融機関や企業も、「登記されていないことの証明書」の提出を求めるケースが増えています。

今は自分には関係ないと思っていても、親が、そして自分自身がいつ「その時」がやってくるかは誰にもわかりません。証明書の取得方法だけでも知っておかれるとよいでしょう。

不動産登記に係るネット情報案内

【法務局】

http://houmukyoku.moi.go.jp/homu/static/
全国の各法務局の所在地・連絡先、管轄区域一覧など掲載。土地・建物に関する登記申請手続の書式案内あり。

【法務省民事局】

http://www.moj.go.jp/MINJI/
民事局の業務の各項目から最新総合情報を得られる。

【登記・供託オンライン申請システム　登記ねっと 供託ねっと】

https://www.touki-kyoutaku-online.moj.go.jp/index.html
ユーザー登録をし、申請に必要なソフトをダウンロードし、請求できる。

【登記情報提供サービス】

https://www1.touki.or.jp/beginner/index.html
法務局が保管する登記情報についてインターネットを通じてパソコン等の画面で確認できる有料サービス

【日本司法書士会連合会】

https://www.shiho-shoshi.or.jp/
登記を通じて紛争を予防し、成年後見業務に代表される財産管理や、実際に起こった問題についての裁判事務などを任せることのできる身近な司法書士を検索できる。

【日本行政書士連合会】

https://www.gyosei.or.jp/
官公署に提出する許認可等の書類を作成し、その申請手続を代理してくれる。その会員を検索して、探すことができる。

【日本土地家屋調査士会連合会】

https://www.chosashi.or.jp/
土地家屋調査士の業務説明と登録されている会員の中からの検索可能。

【日本公証人連合会】

http://www.koshonin.gr.jp/
全国の公証役場一覧あり

索引

（50音順）

な

は

ま

ゆ

ら

グランサクシードグループ全国拠点

相続手続、生前対策、不動産の登記など、
みなさまの身近な法務サービスを全国ネットで提供いたします。

1 司法書士法人コスモ
みらいリレーション東京
〒104-0031 東京都中央区京橋二丁目５番15号京橋 RK ビル２階
TEL03-6703-0044

2 司法書士法人アレクシア東京
〒104-0031 東京都中央区京橋二丁目５番15号京橋 RK ビル３階
TEL03-3528-6900

3 司法書士法人アレクシア仙台
〒980-0014 宮城県仙台市青葉区本町二丁目１番７号本町奥田ビル８階
TEL022-748-6740

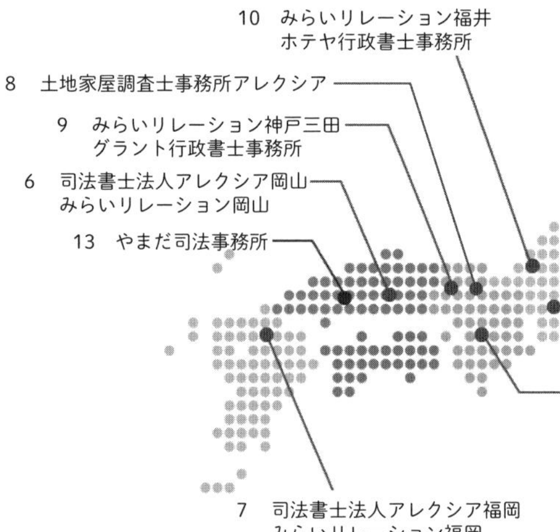

4 司法書士法人アレクシア名古屋
みらいリレーション名古屋
〒450-0002 愛知県名古屋市中村区名駅四丁目13番７号西柳パークビル４階
TEL052-433-3467

5 司法書士法人アレクシア大阪
みらいリレーション大阪
〒530-0001 大阪府大阪市北区梅田一丁目11番４号大阪駅前第４ビル４階
TEL06-6344-7510

6 司法書士法人アレクシア岡山
みらいリレーション岡山
〒700-0971 岡山県岡山市北区野田三丁目１番１号東光野田ビル３階
TEL0120-193-552

7　司法書士法人アレクシア福岡
みらいリレーション福岡
〒812-0013　福岡県福岡市博多区博多駅東三丁目１番４号タカ福岡ビル３階
TEL092-483-0071

8　土地家屋調査士事務所アレクシア
〒663-8245　兵庫県西宮市津門呉羽町２番10号グランピア今津102
TEL0798-31-6756

9　みらいリレーション神戸三田　グラント行政書士事務所
〒651-1513　兵庫県神戸市北区鹿の子台北町六丁目31番１号
TEL0120-059-905

10　みらいリレーション福井　ホテヤ行政書士事務所
〒914-0063　福井県敦賀市神楽町一丁目４番21号
TEL090-8003-8239

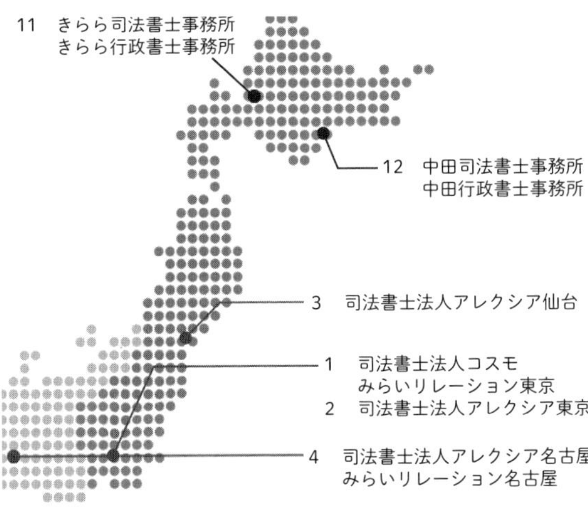

以下連携士業事務所

11　きらら司法書士事務所
きらら行政書士事務所
〒060-0809　北海道札幌市北区北九条西三丁目10番１号小田ビル３階
TEL011-768-7531

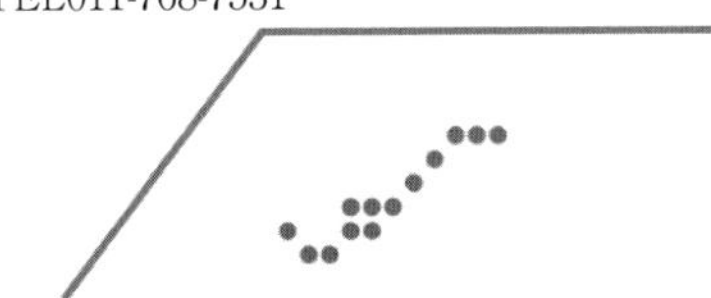

＊標記している各電話番号は、行政書士事務所と併記の場合は司法書士事務所の番号を示しています。

12　中田司法書士事務所
中田行政書士事務所
〒080-0010　北海道帯広市大通南十八丁目２番１号昴ビル１階
TEL011-768-7531

13　やまだ司法事務所
〒730-0032　広島県広島市中区立町１番22号ごうぎん広島ビル８階
TEL082-236-3275

14　増永司法書士事務所
〒231-0014　神奈川県横浜市中区常盤町３-24サンビル3階
TEL045-225-9110

【著者紹介】
山口 里美（やまぐち さとみ）

グランサクシードグループ代表 司法書士・行政書士・シニアライフカウンセラー

1993年司法書士資格を取得、旅行業から法律業へ転身。
1997年に事務所を開設。
現在創業27年目、東京、大阪、名古屋、福岡、仙台、岡山、広島、札幌、十勝等14拠点を構える。
“法律業を最高のサービス業へ”というスローガンは、封建的な士業界への疑念と、元旅行会社で培ったサービスマインド、そして軽視された女性法律家としての日々から得た、壮絶な経験の賜物である。
「わかりやすい相続税贈与税と相続対策」（成美堂出版）、「大切な人に想いをつなぐリレーションノート」（日本法令）等著書・監修書14冊、
金融機関・生命保険会社・不動産関連企業等主催での講演活動は年間70回以上。
その真髄は「100点満点は当たり前。120%の献身的な行動こそサービス」にある。
2018年やまがた特命観光・つや姫大使に就任。
WEB
　司法書士法人コスモ
　　https://cos-mo.jp/
　行政書士法人みらいリレーション
　　https://mirairelation.jp/
　一般社団法人日本リレーションサポート協会
　　https://relation.or.jp/
　司法書士法人アレクシア
　　https://a-lexia.jp/
　株式会社グランサクシード
　　https://gransucceed.co.jp/

不動産登記の教科書【改訂版】

2020年8月13日　初版発行
2023年4月12日　改訂版初版発行

著　者　山口　里美
発行人　今井　修
印　刷　亜細亜印刷株式会社
発行所　プラチナ出版株式会社
〒104-0031
東京都中央区京橋3丁目9-7　京橋鈴木ビル7F
TEL03-3561-0200　FAX03-6264-4644
http://www.platinum-pub.co.jp

落丁・乱丁はお取り替えいたします。　ISBN978-4-909357-84-7